U0046176

New
window
新視野 21

交個
日本男朋友
≫谷炫錞（Kou）

高寶書版集團

NW 新視野021

交個日本男朋友

作　　者：谷炫錞
主　　編：林秀禎
編　　輯：蘇芳毓
校　　對：楊惠琪、李國祥
出 版 者：英屬維京群島商高寶國際有限公司台灣分公司
　　　　　Global Group Holdings, Ltd.
地　　址：台北市內湖區新明路174巷15號1樓
網　　址：gobooks.com.tw
E- mail：readers@sitak.com.tw＜讀者服務部＞
　　　　　pr@sitak.com.tw＜公關諮詢部＞
電　　話：(02) 2791-1197　2791-8621
電　　傳：出版部　(02) 2795-5824
行 銷 部：（02）2795-5825
郵政劃撥：19394552
戶　　名：英屬維京群島商高寶國際有限公司台灣分公司
初版日期：2006年2月
發　　行：希代書版集團發行/Printed in Taiwan

交個日本男朋友 / 谷炫錞著. -- 初版. --
臺北市 : 高寶國際出版 : 希代發行,
2006[民95]　面 ;　公分. --（NW ; 21）
ISBN 986-7088-01-8(平裝)
1. 擇偶 2. 兩性關係

544.31　　　　　　　　　94024721

我愛公鴿 ♡

谷燦鐸

　　Kou 是個道地日本人，但他這六年來對台灣的熱愛跟細微觀察都令我非常佩服！

　　這本《交個日本男朋友》不僅點出了許多台日文化的不同，也寫出許多男生（不只是日本男生）的觀點，讓女生可以更加瞭解男性的心理，也讓大家更有勇氣開闊自己的視野，結交來自於世界各地的好朋友。

知名藝人 李振冬（阿部力）

　　台灣現在引進很多的日本漫畫、日劇、和日本節目等等，而台灣人也常常去日本旅遊，還有許多像我跟 Kou 一樣的日本藝人在台灣發展，但是我們對彼此的瞭解真的很透澈嗎？

　　我曾經問過台灣人對日本的印象，幾乎所有人都回答：「男生看來都很大男人；女生看起來都很溫柔！」其實這是很刻板的印象，因為我也不是大男人主義的人，哈哈哈……。希望Kou這本有趣又實用的書可以改變大家對日本的印象。

知名藝人 內田忠克

Kou，加油！

知名藝人 林曉培

　　許多人問我為何用一個日本新人當偶像男主角，其實現在早已經是個無國界的社會，有時我也搞不清楚 Kou 是個台灣人還是日本人。這本書會讓你看到 Kou 更多樣的一面，也教妳如何勇敢的交個日本男朋友！

　　Kou，加油！

「聽不到的戀人」導演 洪智育

推薦序

　　很高興知道 Kou 出書了，一個道地的日本人居然可以用中文寫完這本書，令我十分佩服！

　　書中提到許多台灣及日本的文化差異、男女想法的落差，還有他來台灣所發生的許多趣事，我真誠的希望大家可以藉由這本書，更加瞭解日本的文化。當然有機會的話，交個像 Kou 這樣親切又認真的日本男朋友也會是個不錯的人生經驗 Ne！

知名藝人 楊思敏

　　記得我曾經跟 Kou 說過：「日本藝人在台灣發展是很不容易的……」但是他的認真和真誠，讓很多不可能變成了可能，也讓我相信他一定會有成功的一天。透過他所寫的文字傳遞出的真誠，必能同樣感染每一位閱讀此書的人。

導演
瞿友寧

CONTENTS

愛的話題/日本男生不欣賞的女生類型/現在還有大男人
主義嗎/台灣味，就是人情味啦/找出適合妳的Style

如何自我介紹/善用身體的碰觸/男生關注的話題/女性要
注意的事/媚惑日本男生，就這麼辦/還是非親他不可/可
愛攻勢/就對他說這句日文吧/就算起雞皮疙瘩，還是要
裝可愛/拜託事情的技巧/出差或旅行都是機會/創造兩人
共通的密語/充滿魅力的氣味/生病時要記得趁虛而入/約
會前別忘了檢查儀容/戀愛大忌/女生喜歡男生的一瞬間/
男生喜歡女生的一瞬間/好男人是……/受歡迎的女生性
格是？/反差的美感/日文情書的範本/真正的女性魅力/
學會說「謝謝」與「對不起」/吵架/瞭解喜歡人的興趣/
要練習唱日本的歌曲/約會的三原則/戀愛課外活動/日文
數字的說法/簡訊傳情意/呆呆做功課的樣子真吸引人/生
日是個好機會/台灣女生要對自己有信心/後記

序

　　這本書的誕生，要感謝很多人幫了我的忙，我要很誠心地跟這本書有關係的人說聲「謝謝」，包括幫我推薦的藝人朋友跟導演（中川晃教、內田忠克、李振冬、林曉培、洪智育、楊思敏、瞿友寧），後援會「Kou Sai Kou」的會長丸子、五年來一起努力的日本跟台灣朋友、Smile Egg的團員、出版社及編輯芳毓、經紀人小宇哥、小高、國興衛視、華視，以及永遠支持我的家人。但我也想要跟出版社的朋友們說……請不要再叫我寫下一本書了，因為我的手真的寫得很痛！哈哈哈哈……當然是開玩笑的！

　　這本書的書名叫做《交個日本男朋友》，但本書其實是以一個日本男生的觀點來觀察台灣，並且給台灣女生一些建議。當然並不是指日本男生比台灣男生好，但是亞洲的男生心理應該都差不多，如果能夠搞定龜毛日本男人的心，相信所有的男生都會拜倒在妳的石榴裙下。

谷炫錞
KOU

自我介紹

我叫**谷炫鐉**,這個名字是不是有點難記呢?但我覺得挺不賴的!因為這可是我特地拜託台灣六個算命大師(包括了一隻**鳥**)替我精算出來的!我的本名其實叫做貴島功一朗(我爺爺取的),是個道地的日本人。

我大學畢業後來到台灣,本想學完一年中文後就返回日本的演藝圈發展,可是來台短短不到三個月的時間,就已經有經紀公司的人來跟我接洽,後來就一直留在台灣演藝圈發展,演出了包括偶像劇「薔薇之戀」、「聽不到的戀人」、旅遊節目「Wu-mai 亞洲 No.1」,甚至還組了日式創作樂團「Smile Egg」。

不過,剛來台灣發展的前幾年其實超坎坷,第一個經紀人竟然很壞心的拖欠了我**兩百多萬**日幣的酬勞!那時候我都偷偷地想:台灣人都這麼壞嗎?最慘的是,兩年前又和我多桑大吵一架,大約有一年半的時間他都不跟我聯絡,因為他很氣我把自己的前途投資在演藝事業上,以腳踏實地的大阪人來說,真是個恥辱。來台灣五年,終於苦盡甘來,多桑看到我的努力與堅持,終於漸漸諒解我,而我現在的經紀人也像對待家人一樣的保護我。

現在的我已經兼具演員和歌手的身分,雖然可能還有許多朋友不是很認識我,哈哈哈哈哈哈哈……但我依然抱持著最初的夢想過每一天。五年的台灣經驗,讓我對台灣的觀念改變很多!我覺得,台灣很跟得上全世界的流行,對於不同文化的接受度相當高,非常多采多姿,跟我剛踏上這塊土地的時候真的截然不同!台灣的娛樂圈在我心目中是一個**很厲害**的地方,因為它融合的文化比日本更多元……只要狗仔少一點點,汪汪。

以前,我太專心練團和音樂創作了,所以完全沒有想過出書這回事。雖然在音樂領域方面我已經有許多創作經驗,也時常覺得自己很有藝術家的感覺,但一想到用中文寫一本書(書!!!),還真是個天大的挑戰。說了那麼多,我還是寫完這本書啦,我知道可能難免會犯一些些錯誤,還請大家多多包涵。

這個小孩長得是不是很眼熟呢？可不是我偷生
的喔！其實是我小時候的照片啦！

現在的我（戴著歌迷的眼鏡）

日本人的台灣初體驗

　　還記得二○○○年三月的時候開始計劃學習中文。會選擇台灣的理由是～離日本很近啦！哈哈！那時為了來台灣瞭解學習中文的環境，一個就讀於關西外國語大學的台灣朋友Charlon，在這段期間幫了我不少忙。來台灣後在開學前那段期間，最讓我頭疼的是如何找到住的地方，雖然在日本讀書時就有認識台灣的朋友，但是他們也有自己的工作，所以我不太想麻煩別人，只好去找了房屋仲介公司。最後找到了一間還不錯的公寓。美中不足的就是有點小，而且租金一個月高達二萬五千塊台幣（日幣約九萬元左右……），對我來說有點貴。住那邊第一天的晚上，就碰到馬桶塞住等等的不順利，我不禁開始懷疑，我一個人真的能在台灣活下去嗎？還有，可愛的管理員杯杯總是喜歡跟我這個外國人說台語，後來我才知道台灣人很厲害，國語和台語會在日常生活中交替使用（難怪我都聽不懂）。

　　有一天我發現，原來只要花一半的錢就可以租到我現在這等級的房子耶！！說實在我真的有點生氣、覺得自己為什麼都搞不清楚狀況。不過基於我花了很多心血＋時間來布置，雖然有一些不滿，想想也算是緣分，所以還是妥協了。接下來就懷抱新的心情與期待來面對我即將展開的新生活。接下來，就是等待學校課程的開始，想到有很多機會可以交到許多新朋友，就覺得世界真是美好。以下是一些剛來台灣時，什麼都不懂時發生的趣事：

空氣濕度 &
頭髮捲度的正相關

　　雖然我在還沒來台灣的時候，就看過相當多的當地資訊，但是當我踏出登機門的那一刻，還是被台灣的氣候嚇到，因為這裡濕度之高真令我驚訝！我的頭髮有點自然捲，這時候我發現頭髮的捲度比日本提升了不少，每天出門前都要花上好多時間 seto。

　　我雖然抱著「學習中文」的偉大目標，但來台的時候正好是三月這個讓我搞不清是冬天還是春天的尷尬季節，時熱時冷的天氣讓我的熱情怠惰下來。再加上自己離鄉背井壓力很大的關係，冒出了很多痘子，所以我每天一定洗面乳不離身。

　　現在我逐漸習慣台灣的高濕度，可是台灣的夏天真的熱力十足，讓人還是有點怕怕。記得那時每天都會帶我心愛的毛巾出門，因為只有它能幫助我解除揮汗如雨的困擾。還有一點，如果沒有冷氣我絕對無法入眠，到現在也還是如此。那時候我還是學生，沒有很多錢，但是又想吹**霸王冷氣**，所以常去咖啡廳吹免費的冷氣，在那邊又可以唸書或跟朋友聚會，累了可以好好的睡它一覺。剛來台當學生時，雖然經濟狀況不是很好，但卻是我最美好的回憶！

暗戀一年的女生

二〇〇〇年關西外國語大學畢業典禮，那時頭髮好直！

來台灣後頭髮自然捲加重（真的好像獅子頭………）

捲髮真的很難
整理！＞＜

台灣天氣好熱好潮濕，沒事都要吸油！

真是有夠「機車」

台灣路上機車真的很多，看到這麼多的排氣管讓我不自覺感到害怕。我還發現了一件讓我很驚訝又不好意思的事情，不知道是不是機車太多空氣不好的關係，還是天氣太熱了，我的**鼻毛**居然生長得越來越快，速度是在日本的兩倍，也有**越來越茂盛**的趨勢。後來我發現我其他的日本朋友也是跟我一樣的狀況，真是一個奇妙的體驗。話說回來，日本的機車一定要行駛在路邊的車道，可是台灣不一樣，台灣的機車似乎可以很自由的穿梭在各個車道之間，讓我還滿意外的。尤其是看到許多騎士幾乎是在表演特技，卻總是能在幾乎撞到的情況下順利閃避，更是讓我佩服。另外一個不同的情況，在日本一般的機車是不能載人的，除非是重機，可是台灣有很多「李棠華」，可以一台機車載一家五口外加一隻狗，真是厲害！就憑這一點我對台灣的機車族是又敬畏又羨慕。

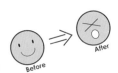

臭豆腐、香菜與芹菜

　　雖然我有一群很愛吃**臭豆腐**的台灣朋友，很熱情地鼓勵我嘗試，但是那獨特的**香味**總是讓我快昏倒，至今還沒吃過半口。我想，不敢吃臭豆腐、香菜與芹菜的日本人應該很多吧，因為連大膽的我都不敢吃。相對的，我覺得是人間美食的日本納豆卻令我那群喜愛臭豆腐的朋友望之卻步。世界還真是奇妙啊！

　　呃⋯⋯經過我後來的考證才發現想像跟現實是有差距的，其實愛吃香菜與芹菜的日本人很多呢！

衛生紙與馬桶的禁忌關係
Wagamama Toilets

　　剛來台灣時有件事讓我非常納悶，那就是為什麼廁所裡都會放垃圾桶，而且垃圾桶裡面都是衛生紙？雖然我曾仔細研究，但還是百思不得其解，後來經過高人指點，才知道原來台灣人是不把衛生紙丟到馬桶裡順水沖走的。對於我這土生土長的日本人來說，這根本無法想像。

　　你也知道日本人本來就比較**任性**，因此來台灣的第一天，我決定還是依照我原本的習慣來使用台灣的廁所。我細心地把衛生紙輕輕放到馬桶中，然後按下沖水開關的時候，我看著平靜的水波轉成漩渦。正得意的時候，馬桶就很不給我面子吐了一地，真的是被打敗了。馬桶明明長的都一樣，**脾氣卻差很多ne**！

小黃甘苦談

城市裡到處都是黃色的計程車。這點跟日本很不一樣，而且很棒的是費用跟日本比起來非常便宜。現在計程車起跳費是七十開始，跟日本比相對便宜很多，因為在日本起跳費差不多是二百台幣左右。

第一次搭計程車時，因為不會說中文的關係，所以我拿的是事先寫好的地址和地圖。有一天我學會了用中文表達要去哪裡，跟司機說「你好，我要去師範語言中心。」Taxi 司機說：「好！」我在心裡高興得大喊，**我總算可以靠自己搭車了**，以後要去哪都可以不求人了！付完錢下車後才發現，我竟然到了一個陌生的地方，抬頭一看竟是：師……師範學院。我非常的驚嚇，是我的問題嗎？我都說得那麼清楚了，我開始對我的語言能力產生懷疑。幸好，在我的信心瓦解之前，我發現其實很多台灣人也分不清楚這兩個學校有何不同 ne 。

台灣的司機駕駛技術都很好，不管遇到多麼窄的巷子，也不用減速還是開得過去。我到現在還不敢在台灣開車，因為一方面交通比日本複雜許多，尤其機車超多，而且跟汽車混在一起在路上奔馳，這邊不能右轉這邊又不能左轉，有太多交通規則和單行道。在這麼多的限制下，這些路上的機車騎士竟然還是能夠施展超級特技！來台灣五年，我現在也見怪不怪了。雖然我也不知道漸漸習慣這樣有點**脫序**的交通，到底是好還是不好？

現在呢，我已經成長了，如果司機開得比較慢，我還會跟司機小小抱怨一下：「運匠大哥，我在趕時間，可不可以開快一點？」最後還不

忘幫他加油一下。有時候還會跟司機聊起來，還滿開心的。我覺得自己經完全融入台灣的環境了，我想，這就是台灣吧。反而回日本後不習慣那邊「安全第一」的**龜速計程車**。我不禁開始幻想：如果台灣的計程車司機來日本開車一定會很受乘客歡迎。

台客**KTV**文化

重點：不管別人唱什麼

　　台灣的KTV真的很大又乾淨，包廂裡面還有洗手間，相較之下日本的KTV真是小得可憐。台灣的KTV就像日本的飯店一樣豪華寬敞，服務態度也很好。日本的KTV包廂都很小，包廂內也沒有獨立的廁所，服務生的服務也比不上台灣。剛來台灣時去KTV讓我很驚訝的一點，就是**大家都不聽別人唱歌**，有人在旁邊玩遊戲、喝酒，等到自己的歌來時，不管有沒有人在聽你唱歌，都還是可以很專注的繼續唱下去。現在我也是這樣了，但是日本根本不可能有像這樣的情況。如果五個人在日本唱歌，大家會輪流點歌，有人唱歌的時候也很少聊天，大家安安靜靜的聽歌唱歌。

　　唱完歌還是要來一段掌聲，再換下一位；有時候會玩遊戲，但是一定是大家都能參與的遊戲，比如說一首歌大家各唱一段，唱到最後一段的人就要喝酒，或者是除了唱最後一段的人不用喝，其他人都要喝，旁邊的人還要吶喊起鬨一下：**「喝吧喝吧喝吧喝吧喝吧」**。

　　後來我發現我比較喜歡台灣人的KTV玩法。因為比日本好玩多了。

有禮貌的公車真難搭

　　來到台灣後我一直想搭搭看公車，卻總是提不起勇氣，原因很多，包括不會講中文，不知道在哪搭，不知道上去後該怎樣下來，不知道搭哪一路公車，後來經過我的不恥下問，終於獲得了解答。

　　有一天早上，我總算下定了決心要搭車上學。到了公車站，我記得等了好久好久，很多公車經過但是都不是我要搭的公車。當終於看到我要搭的公車時，讓我非常感動。看著車子駛近，竟然還讓我心跳加速，加速……又停止。公車居然從我眼前直接呼嘯駛去，過站不停！！那時候我真的快崩潰了，直到半年後我才知道，原來台灣是很**重禮貌**的社會，必須要先舉起你的右手跟公車司機打聲招呼，車才會停下來（日本則是不管有沒有人在等，每個站司機都會停，而且非常準時，還有時間表，跟地鐵沒兩樣。）

　　於是，我學會了要舉手，看到公車在我面前停下來的時候，我高興的大叫出來，但是接下來又發生讓我很驚訝的事情——當我還抱著喜孜孜的心情踏上我渴望已久的公車階梯時，我根本還沒完全上車，公車又**馬不停蹄**的出發了，讓我覺得很恐怖，不知是司機太急還是我走的太慢，這讓我又困惑很久。

　　有一次，當我又在思考這問題還得不出結果的時候，忽然發現我旁邊站了一位美女，我不禁開始打量她，她緩慢有禮地舉起右手招公車，手指很白，手腕很美，手臂很細，當我的目光游移到她的腋下時，嚇！！竟然竟然有好多**腋毛**。這也算是我搭公車的另一種驚魂記！

乾杯的意義：
杯底勿通飼金魚

　　台灣的 **「乾杯」** 真的很猛！日本的乾杯是很隨意的，有喝就好。但是台灣乾杯的意義竟然是喝到見底，讓我非常驚訝。當初在搞不太清楚的情況下，很喜歡拿起自己的酒杯到處跟台灣的朋友乾杯，但是我根本不會一次把杯子裡的酒全部喝完，就會被台灣的朋友糾正，說酒杯不可以剩酒，看著他們一乾杯就是喝完一杯酒，我忽然覺得台灣的朋友好神勇，酒量都好好。

　　在日本我從來都沒有喝酒喝掛過，來台灣後，我竟然有三次喝掛的經驗！而且那個時候還狠心的獨佔了朋友家的廁所，雖然大家在門口敲擊**哀號**，我還是下定決心不開門。所以後來我都跟我日本朋友諄諄告誡，跟台灣朋友喝酒要小心陷阱喔。話雖然是這樣說，我還是很喜歡這種痛快乾脆的喝酒感覺。

台式口香糖：「檳榔」
Taiwan Gum＝綠色的炸彈＝辣妹的秘密

　　檳榔店真的讓我充滿好奇，小小一家檳榔攤卻有好幾個工作人員，而且工作人員都穿得**很辣**。即使天氣很冷她們還是穿得很少，讓我對於台灣女生的工作態度很佩服。

　　有一天為了拍一部汽車廣告，我去了花蓮拍攝，路途中經過很多檳榔攤，讓我留下很深的印象，原因就是這些店都只有很大很透明的玻璃店面，玻璃背後都會有幾位穿著超辣的女生，我一直搞不清楚她們到底在做什麼，只覺得很不可思議。她們穿得那麼性感，男生看了也很難不會恍神一下吧。

　　不過「嚼檳榔」這件事很恐怖，我到現在還不敢領教。廣告拍攝的休息時間，我好奇問了工作人員我今天看到的店面到底是賣什麼？他們跟我說是 TAIWAN GUM，接著拿出了一顆綠綠的東西，我問他們這是什麼？他們只微笑跟我說 OISHI（好吃）！當我還看著這顆像果實的東西思考的時候，那些工作人員瞬間笑瞇瞇的看著我，熱情的教我怎麼吃這東西，還有記得吃一吃一定要吐出來，那時候雖然很害怕，但還是吃了，第一口感覺**真苦**，真的超級苦，旁邊那些工作人員看著我的表情笑得都翻了，過了一兩分鐘我感覺喉嚨開始有點發燙，心中吶喊：這到底是什麼東西！後來聽很多人說檳榔不是好東西，但是為什麼還是那麼多人去買？我不禁認為是不是玻璃後面那些辣女生的緣故啊？

啤酒喝起來是苦苦的，但是那次我吃了檳榔後喝起了啤酒，沒想到味道卻變得甘甜，讓我嚇了一跳！這種感覺對於我來說很奇妙，如果你有認識其他外國的朋友也可以建議他們試試喔！！！

包葉卡貴

菁仔卡俗

檳榔

夜市全年無休
俗又大碗、有吃又有抓

　　我覺得台灣最厲害的地方就是士林夜市，因為那邊的攤販是受過訓練的，是專業精良的，因為在警察出現的時後，他們能夠迅速整齊的從事先排練好的路線撤離，眨眼的功夫他們就全消失了，留下驚訝的我，心中覺得果然是中國大家都練過功夫的！

　　日本也有夜市，但是都只會出現在特定的節日，簡單說就是五的日子，五號、十五號、二十五號，還有新年一月一日、煙火節、賞櫻花的節日等等，這些夜市大致兩三天就會消失，賣的東西也不會特別便宜。不像台灣的夜市一年三百六十五天天隨時都有，而且規模也比較大，相對來說也比較熱鬧，而且賣的東西也很 yasu-I（便宜），小吃個個都美味，種類又多，真是常常讓我留連忘返。

　　夜市常常有釣蝦、射氣球、打彈珠等很多遊戲感覺都很好玩，雖然日本也有類似的，但是一方面種類沒這麼多，二方面玩一次都好貴。

　　我第一次逛的夜市就是士林夜市，那個地方有點大得讓我驚訝，邊喝著珍奶邊逛夜市的感覺，真是非常愜意。現在的我比較不喜歡夏天去逛夜市，因為人太多會更熱，但是每次經過夜市，總是會想等天氣比較不熱的時候要好好逛一下，如果夜市可以**裝個空調**，這樣我就可以每天去了，哈哈！總之我很喜歡台灣的夜市啦。

裡面好熱，快
裝空調啊！

試吃檳榔（好苦＞＜）

不愧是有當過兵的 Joey，射空氣槍果然很厲害！

Kou：小籠包有多小！？
跟我的眼睛一樣小～

父母來台灣時和同學一起去吃鼎X豐

日本人最愛小籠包和芒果冰

　　日本人超愛吃這兩樣東西。第一次讓我覺得吃得很過癮的東西就是小籠包，很多日本人都喜歡去鼎X豐吃小籠包。記得五年前第一次吃小籠包的滋味讓我非常感動，那個禮拜連續七天我每天都去報到，代價就是體重狂增三公斤。

　　現在如果我去鼎X豐反而吃炒飯比較多，炒飯的蛋很香又不會膩，是在日本很難吃到的美味。吃完飯後我接著會去永康街吃芒果冰，在日本水果可是很貴的，台灣的水果比日本便宜又好吃外，種類更是繁多，芒果冰入口即化的口感，讓我很感動。炎熱的夏天邊吃著讓我沁涼的冰，邊享受街頭的氣氛，真是人生一大樂事。

台灣人難道都是
語言天才嗎？

　　剛來台灣時，我一句中文都不會說。還好我很幸運，在日本大學裡主修的是英文，所以一開始溝通幾乎全是靠英語，不管是畫的、寫的、比的，想盡了辦法表達出想說的話。我聽說中文是世界上最難學的語言，所以如果先學會了中文，再去學別的語言時，都會覺得學其他的語言真是簡單許多。我覺得中文的文法概念可以用在學其他的語言上。國語裡有許多音是日本話裡沒有的，但是國語卻涵蓋了日語所有的發音。

　　教台灣朋友日文的時候，我非常驚訝他們一下就能掌握發音的訣竅，發出很道地的日語發音，此外我覺得台灣朋友的英文發音也很標準，像我個人說英語的時候，還是難免會帶有一些腔調，我想這都要歸功於國語有四聲，讓華人從小能夠學會發出許多不同的音。

實在是太常下雨了！

關於台灣的天氣，我印象最深刻的是「雨天太多」！感覺台灣常常下雨，有時早上還是晴空萬里，下午就開始下起傾盆大雨了。根據五年的經驗，我歸納出以下三個感想：

雨傘繁殖的速度驚人：早上出門是好天氣我就不會帶傘，如果碰到下雨只好又買一支新的傘，雖然到處都可以買到傘，很方便，但是我家的雨傘越來越多了！

雨傘消失的速度更快：有一次下雨去逛街，逛完一家店出來，發現雨傘已經從傘架消失了，看著雨越下越大，我的心情也越來越DOWN。

我超喜歡下著雨的台北：只要有雨傘的話。

好擠～

好擠～

好擠～

我可愛的傘

孤單的雨傘架，
陪伴孤單的我…

「茶」文化

　　雖然在日本也有很多種茶，可是台灣好像更多。上次去了一家茶館，那邊有人教你如何品茶，感覺很好。另外有一家店是會先準備很多不同種類的茶，讓客人可以先試喝，再決定點什麼，在日本可沒有這樣的服務喔！日本人喝茶會搭配羊羹、和果子，在台灣有鳳梨酥和搭配的茶點，很多日本人來台灣都會帶鳳梨酥回去。聽別人說台灣有一種麥芽糖梅子，一樣的東西在日本的價格是台灣的三倍，所以帶日本朋友去這些地方是不錯的選擇！另外，雖然台灣和日本茶的文化是有相通的，但是台灣可以享受到比日本更多元口味的茶點。

我的家人也超喜歡台灣的茶！！

＊感謝熱情的嶢陽茶行提供美美照片

釣蝦

　　記得在台灣第一次釣蝦的時候，是在靠近外雙溪那邊的釣蝦場，過程對我說非常有趣，釣到蝦子那剎那的感覺不是用言語能夠形容的，更讓我開心的是釣起來**馬上就可以烤來吃了**，對日本人來說好特別。我覺得各位有時間的話，也可以多多從事這樣的休閒活動，我覺得釣蝦場是一個很值得推薦給日本朋友的好地方呢！

講電話一定要
這麼大聲嗎？

　　現在日本的電車和公車上是不能使用手機的，在日本搭大眾運輸工具會發現乘客都很安靜，都是用簡訊代替。博愛座的旁邊都會貼著一張提醒大家關閉來電鈴聲的貼紙。即使在公共場合，大家講話也是輕聲細語，盡量不會讓自己的音量去影響到別人。

　　在台灣，我常常看到有的人講手機非常的**大聲**，好像想讓全車的人都知道他在說什麼似的。當初還聽不太懂中文時，看到有人講電話大聲我都以為是在吵架。現在我中文已經進步了，已經可正確的分辨誰是真的在吵架。

交個
日本男朋友吧！

在台灣待了五年多，看過身邊不少異國情侶最終步入禮堂（當然也有分手收場！），心裡總覺得緣分這種東西真的很不可思議，永遠不知道去哪裡會遇到什麼人，每次遇到新的朋友都可從他身上學習到新的事物，讓自己在人生的旅途上不斷累積更多的經驗。

妳有在現實生活中喜歡上日本或外國男生的經驗嗎（木村拓哉跟裴勇俊不算！）？但語言的隔閡跟距離的阻礙讓妳不知道該怎麼辦？其實我曾經仔細思考過異國戀情這個問題，來到台灣這五年期間，也交過台灣和美國的女朋友，這些感情當然有許多好與不好的回憶（有一次跟某藝人還被狗仔周刊偷拍，不過那件事真的是誤會啦！）。一開始我需要很多的勇氣去克服語言文化之類的差異等等，但是經過幾次的戀愛經驗之後，也讓我對異國戀情的相處之道瞭解不少。

我希望大家知道在茫茫人海中，能相聚就是一種緣分。今天不論遇到的是日本男生或者其他外國人，甚至能夠看到這本書，都是具有特別意義的，「多認識、多瞭解、多聽、多看」是我的座右銘。

譜一段和風戀曲

學校裡出現了一個可愛的日本男生，有一天妳像往常一樣走去上課的時候，忽然從遠方傳來一陣很有元氣的聲音跟妳打招呼，抬頭一看發現是那位日本男同學的聲音，四目相交的那一刻有一種被電到的感覺，覺得他怎麼可以那麼帥……有沒有這樣的經驗？

認識那位日本男生後，發現他怎會這麼害羞，實在是太可愛了！有沒有這樣的經驗？再進一步接觸後，發現他心地怎麼如此善良體貼，感覺就像我夢想的白馬王子！有沒有這樣的經驗？

這個日本男生雖然有時很白癡，每次都做一些無聊的事情，可是卻很吸引人！我支持妳！

oh my god！我看到那邊有位日本人，要如何跟他當朋友呢？帶著誠懇的感覺去試試看吧。

Kou妹+Kou+Kou爸+Kou媽

Kou奶奶

讓我持續待在台灣學中文
的動力:家人

不說話的戀人

　　異國的戀愛一開始要面對的考驗就是溝通,我演的偶像劇中有著「聽不到的戀人」,聽不到還好,但是我想「不說話的戀人」可能就很難維持下去。不過不用太擔心,因為愛情的力量還是可以讓彼此克服語言的障礙。這可不是客套話喔!因為是我自己的親身經驗。

你想過出發去一個陌生的國家，認識這個國家，了解當地的風土民情，甚至於居住下來，可是卻害怕語言不通嗎？真的不用太擔心這件事，因為只要勇敢去說，即使是一兩句話，只要不斷的練習找別人交談，就會有很大的進步。學習的過程中不要怕別人覺得妳很笨或者覺得妳很奇怪，因為每個人都會經歷這段過程。

除了可以用語言溝通外，比手畫腳等等肢體語言或英文＋中文＋日文 mix 在一起，也都可以傳達妳的想法。不要吝於學習，因為當別人看妳如此認真也會被感動。

在我還不太會講中文的時候，每天身上都帶著一樣東西，就是對我有重大意義的家人與朋友的照片、喜歡去的地方，甚至故鄉的照片。當認識新朋友時我都會拿出來與他們分享，一方面有談論的話題，而且在語言不太通的狀況下，透過這種方式能讓他們更了解我，因為我跨出了這一步，所以也交到許多好朋友。

P.S.右上角這張照片有個故事。我來台灣發展演藝事業時曾跟父親冷戰了兩年，期間都沒有回日本見家人。今年我回東京拍攝國興衛視的節目「Wu-mai亞洲No.1」時，家人特別從大阪搭新幹線（很貴！）來到東京，只為了見我一面。奶奶、爸爸、媽媽和妹妹從一大早來等我到半夜收工，隔天就搭車回大阪，真正見面只有短短三個小時。我在那三個小時中深深體會了家人的重要，所以我現在都會隨身攜帶這張照片，提醒自己家人很重要！

就是這些地方，
有很多日本人
出沒喔！

師大語言中心 我在這裡學了兩年的中文，從剛開始只能讀一些中文教材到能閱讀台灣的報紙，這段期間我在那裡認識了很多日本、台灣，還有來自不同國家的朋友，雖然功課很多，不過能跟他們一起唸中文是非常開心的，我在那裡學到了語言，也讓我日後能在台灣生活。在那裡唸中文的日本人算是比較多的，所以去師大語言中心是認識日本朋友的好方法，你可以去那邊跟他們文化交流，語言交換學習，可以讓你有機會享受一下校園戀愛的氣息。

士林夜市 這裡是我第一個拜訪的夜市，那裡有好多觀光客，尤其日本觀光客最多，因為那邊可以買很多具有台灣特色的紀念品。除了士林夜市，台灣也很多其他的特色夜市，帶日本朋友去那裡逛街挺不錯，搞不好會遇到更多的日本男！

百貨公司 基本上台灣的日系百貨公司如 Sogo、高島屋、新光三越等等，也是日本人會去的點。住在台灣的日本人，或者是

日本來的觀光客，喜歡去那裡逛街，因為那裡有很多日本的商品，還有像一些紀伊國屋等書店那邊有日本的書刊，對於日本朋友來說是一個很舒服的地方。

五木大學　你知道五木大學嗎？日本的男生稱林森北路附近的酒店為五木大學。原因是什麼呢？因為「林森」就是五個「木」，所以稱為五木。

至於「大學」，則是因為許多日商公司應酬都會去那邊的酒店，還有一些日本觀光客，去那邊開心的喝酒，那邊的酒店小姐還會講日文，所以很多初來台灣的日本人中文是在那邊學的。邊喝酒邊唱歌的學習環境，真是一個好玩的大學。順便說一下，我已經畢業了！哈哈哈，開玩笑的。

學中文之外也要學划龍舟

師大語言中心除了日本人多，也有很多
不同國籍的人喔！猜猜我是哪一個！

日本人朝聖地

女追男，隔層紗？

　　女追男跟男追女的本質上其實不太相同。當女生下定決心去追求一個男生時，考慮的往往比男生周延，而且通常是喜歡一段時間後才會有所表示；反觀男生卻可以同時喜歡許多對象，甚至同時追求不同的目標。因為如此，當一個女生決定對一個男生主動付出自己的感情時，所承擔的風險也比男性相對來的高。男生即使並不是很喜歡對方也可以跟對方交往，有時僅僅只是為了滿足自己對性的需求。

　　如果妳喜歡的男生整體條件不錯，但是卻不很專情，那妳必須要理解，他可能會樂於接受妳的追求，但出發點可能並不是妳想的那麼單純。這種男生對於主動追求的女生並不會特別的珍惜，因為妳不是第一個也不會是最後一個。他反而會利用妳喜歡他這點讓妳做出很多不情願的事情，如果不想清楚點，將會越來越深陷在這種愛情遊戲裡，最後受傷的還是自己……真的要小心喔。

一個沒有女人緣的男生，一旦出現了一位主動追求他的女生，他會說服自己去喜歡她。對這個男生來說，打許多沒有把握的仗不如珍惜眼前的機會，有些人到了適婚年齡卻苦無對象，結婚只是希望能有自己的下一代，對於對方的條件也不會太要求。上述的意思是碰到沒有女人緣的男生，妳成功的機會將相對提高許多。

　　男追女行為模式下，要讓男生在追求的過程中經歷一些挫折，打個比方，農夫辛苦的在烈日下耕耘，花了多少精力才換來辛苦收穫，因此才會不忍心浪費任何一粒稻米；感情也是如此，如果不是經過一番辛苦追求獲得的感情，男生反而不懂得珍惜。

　　男生其實膽子很小，既使遇到喜歡的人也不懂得該如何表達，反而想等待她主動來開口。如果遇到真的很木訥的男生，女生主動點也未嘗不可，碰到有感覺的男生，看到他跟除了自己以外的所有人開心的聊天，卻特意忽視妳，要了解，其實這個男生最在意的反而是妳，因為緊張讓他不敢直接跟妳接觸，因此他會透過跟其他人的互動，表現出自己不錯的一面讓妳知道。

　　總之女生最好不要表現太主動，但是要學會暗示性的試探，如果對方沒有反應，要學會盡早放棄。

這張照片是我去北海道跟工作人員的合照，怎麼樣，很好玩吧？要找男人就
是要找像我們一樣有趣的男人才對喔！哈哈哈

「有趣」比「誠懇」更受歡迎

　　這個道理很簡單。女生要為家庭付出，過著一成不變的生活已經很無趣了，所以更需要一個**有趣的老公**。

　　在日本有此一說：一個女生見到第一個男生七秒鐘內會產生本能反應，潛意識會自動排斥百分之九十的男生，接受百分之十的男生，而這百分之十還包括一開始不太有感覺的男生。雖然一開始不

太喜歡某個男生，但是如果這個男生很會說話，往往還是能得到日本女生的芳心。

　　女生覺得與其自己主動出擊還不如等人來追，所以也可以說以上的例子不包含在百分之九十的範圍內。

　　女生的本能反應接受度只達到百分之五，以生物學來說一個卵子只能接受一個精子，但是男生的精子卻有成千上萬。男生的生理慾望本來就比女生強烈，大多數王子可以同時接受很多公主。相對的女生總覺得這輩子只要找到一位自己心中的白馬王子就夠了。

　　有些女生總會說：「誰能讓我每天都很開心？有沒有帥哥會出現？」

　　如果一個男生遇到上述的女生會想跟他認真交往嗎？應該不太可能吧！有越來越多女生除了想要結婚生子之外還有一堆要求，如果你問這些女生，妳有什麼興趣嗎？妳有專長嗎？妳有自己的風格嗎？休假時妳在幹嘛？現在很多女生都說沒有。每天都做一樣的事情，不求自我進步的話是很難吸引人的。如果妳也是這樣，不要灰心，反而應該讓自己每天過得更豐富，開心培養自己多方面的興趣，因為當妳能讓自己有精采的生活時，妳的運氣也會跟著好起來。

　　許多女生總是希望能追求天長地久安穩的愛情，但是感情是靠雙方維持的，如果女生不懂得充實提升自己的條件，就算有一天真的有機會能夠在一起，也不會長久。因為感情是要雙方條件平衡才能長久維持下去的。

哪些女生異性緣超強？

　　首先，女生看起來要**很乾淨**，不可以髒髒的！服裝造型的搭配也很重要。日本女生對於流行掌握度很高，女生都懂得找到自己的 **STYLE**。大家可以多看些雜誌及相關資訊。此外也可以透過觀看男性雜誌來了解男生的想法。

　　個性部分，絕大多數的日本男人喜歡**聽話可愛的女生**。如果加上「**氣質**」的話，更能吸引男生的目光。身材方面就沒有固定，可自由發揮，人人都有機會，因為每人欣賞觀點不同，環肥燕瘦、肉感骨感，或者美腿等等。其實真心喜歡上一個人的時候，這些也不會太重要，反而兩個人的相處比以上都重要得多。

　　但是還要記得一點：女生要學會欣賞自己，天生的才是美麗！

交往後才是
考驗的開始

　　戀愛後千萬不可以怠惰，以為找到真愛就開始放縱自己的胃、懶得妝扮自己等等，這些都會讓妳的情人遠離。在日本，**「女生要化妝」** 是最基本的禮貌。所以談戀愛的時候還是要維持原本的戰鬥力，不然可是會讓妳的戀人對妳失去興趣，被別人取代喔！日本有許多的家庭主婦在婚後雖不出門工作，但是每天還是打扮得美美的等老公回家。還聽過更誇張的事，有的老公結婚之後，**從來沒看過老婆卸妝的模樣**，因為老婆都會在老公起床之前就把妝畫好，等老公睡覺時才會卸妝。那是因為日本社會的太太對先生很尊重，是愛情的表現。

　　以前有一個日本家族來到台灣的故事，我跟那位太太聊天，她跟我說一句話讓我印象深刻：「我想努力維持一個先生回到家後能從心裡面放鬆的家庭環境，所以雖然不是多高級的食材，還是會盡力做出最好吃的料理，讓先生下班後能迫不及待回家，我是帶著這樣的心來維持這個家庭。」聽到這樣的想法我非常羨慕她先生，我也希望能遇到這樣的女生。

「聯誼」必勝法則

　　Kompa（聯誼）就是不認識的男女所辦的活動，像參加 party 一樣地來了解彼此。在 party 中大家會喝酒、談天、自我介紹，雖然一開始可能會有尷尬的氣氛，但經過酒精的催化會讓大家變得熱絡。接下來就開始玩一些遊戲，大家就會「喝吧……喝吧……」地起鬨。喝了酒，接下來就會發現有的人開始搞甜蜜、有的人難過到哭、有人就負責安慰。有的人跑去吐、還有的人已經看對眼，趁亂偷偷離開，不知道去哪裡了。這就是亂七八糟的聯誼！既然要 kompa 就是大家要開開心心，這樣才能有一個完美的聯誼！！！

　　在日本如果妳想多認識朋友的話，kompa 是個好方法。雖然難免會有些狀況外的場合，不過還是值得嘗試。有一個開心的聯誼往往也要現場大家的配合。

　　在日本，二十歲以上才能喝酒，所以參加 kompa 的朋友必須在二十歲以上。而年紀大一點或比較認真的人則會參加相親。相親的話，日本雙方家長會在旁邊觀看，所以是一個嚴肅的場合，講的

話題也比較嚴肅。反觀 kompa 就比較適合活潑的朋友參加，這兩種認識朋友的管道因為每個人的個性不同，可以自己選擇適合的來參加。像參加kompa 沒有好好的發揮創意打扮自己的髮型、服裝的話，就會很沒有趣，所以這兩個交友管道的優劣也因人而異。

不知道為什麼 kompa 活動中最受男生青睞的女生，通常都是會裝可愛的造作女生，而且大部分的日本男生都無法抗拒這樣的卡哇伊誘惑。這樣特質的女生通常會在男生面前嗲聲嗲氣的說：「我不敢喝酒」或「我不會抽菸」，但是後來都會為了你犧牲妥協。她們會告訴你今天對我們來說是個特別的日子，所以我特別為你破戒，然後開始大口抽菸大口喝酒。雖然大家都看得出她們老練的動作，但是日本男生還是像**中毒**一樣渾然不知，反而幻想自己是受重視的大男人，而身旁都是一些需要保護的小女人。當然我們不用多探討這些裝可愛女生的本質，畢竟這些女生都會被其他的女生討厭。總之女生要會演內心戲，才能在日本男生前呼風喚雨……

這些厲害的女生在看到自己喜歡的人，並經過短暫聊天後，就懂得掌握男生的胃口，小酌幾杯後，日本男生往往招架不住。當然另外還有一種很活潑的女生，在 party 中總是特別搶眼，也懂得掌握現場氣氛，總是把自己搞得很累，卻能帶給大家歡笑，最後還能貼心的照顧大家，尤其是在大家都喝醉後還能伸出溫暖的手，像這樣的女生總能夠獲得大家的信任，但是卻往往犧牲了跟心儀的人獨處的機會，但是她能夠交到更多的好朋友。

P.S.：kompa 是日本年輕朋友的常用語。

　　不管如何，學會享受氣氛是很重要的。看到一些溫柔的人、喜歡的人，要懂得製造機會提起勇氣跟他聊天。如果他先來跟妳開口，切記面帶笑容，因為這是最基本的禮貌。

　　如果要準備約會的話，去哪裡真的必須好好規劃，最好能找到一個大家都覺得不錯的地點，並從中學會相互尊重。如果妳的另一半很少有意見，妳還是要主動關心他、詢問他的想法。戀愛就像永遠拼不完的拼圖，永遠看不清它真正的模樣，沒有特別的公式，這也是「愛情」吸引人的地方。

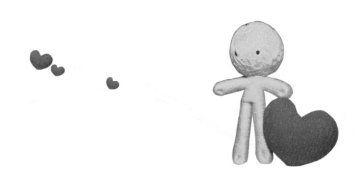

在日本，
哪些男生喜歡聯誼？

★ 沒有女朋友

★ 有女朋友（去找刺激）

★ 條件不好的男生

★ 以結婚為前提，條件又不好的男生

★ 已經結婚的男生

★ 為了挑戰自我實力的男生

★ 其他……

　　其實在日本最受歡迎的男生是有女朋友（去找刺激）的男生。因為日本的女性上班族生活壓力很大，加上交友圈很小，在沒有適合的伴侶前提下，還是需要適時紓解壓力，所以對於不用負責任的感情會覺得比較輕鬆。而為什麼有已經結婚的男生或已經有女朋友的男生會來參加這個 party 呢？因為男生通常有喜新厭舊的壞毛病！

令人心動的 女生類型

★ 有趣並懂得逗別人開心的女生

★ 機伶活潑的女生

★ 外向大方的女生

★ 有個人魅力特質的女生

　　經常把微笑掛在臉上、像大姐姐般貼心懂得照顧男生的女生、會注意到小事物，比如吃飯的時候幫忙夾菜、抽菸的時候會不經意地幫你準備菸灰缸、幫忙把筷子拆開放好、適時地把自己準備的衛生紙給他、如果臉上有異物主動幫他擦掉。這些都是受歡迎的女性特質。

男女對親密關係的認知差異

　　男女之間對性的觀念是完全不同的，因為男生不用擔心生育的問題，也沒有生理期的困擾，所以一般來說男生對於性的慾望是比女生高的，也因為要尋求高度刺激的關係，常常會因為沒有新鮮感而膩了。女生則完全不同，她們對於性的態度比較偏向循序漸進，最後還會比男性投入。

　　女性和男性是不同的動物，即使彼此一開始協議好雙方追求的是短暫的快樂而不是天長地久的愛情，女性往往還是會不經意跨越那條界線，陷入愛情的漩渦裡。

　　男生對於感情與性可以完全分離，在他們大腦的認知裡，性與愛根本是完全不同的事情，一開始如果雙方認知是追求刺激而開始，日本男生到最後也不可能把這分關係變成感情，但是男生就算沒有感情或者是面對舊情人，還是可以繼續維持形式上的肉體關係，然後繼續喜歡別人……！

這樣的女生容易被騙

「我很喜歡酷的男生！」女生對男生的條件要求越來越高，對於男朋友的期望也越來越多，要有社會地位、要有錢、要有內涵，相對的這種女生也最容易被騙。

不管是條件多好的男生，就算平常多有自信，在喜歡的人面前難免還是會緊張，行為就會開始顯得綁手綁腳，可能會不敢看對方，說話結巴等等。也因為緊張的關係，往往無法把自己最好的狀態表現出來。

女生如果遇到一個很酷的男生，為了擔心他會離開，而對他百依百順而慢慢失去自我，這是一件非常危險的事。

分辨這個男生
有沒有魅力？

判別方法：在交談的過程中，這個男人跟妳的調情是否讓妳有開心有趣的感覺？如果有，代表他對妳有一定的魅力，反之則否。

測驗男生
是否對妳有**好感**

　　女生放出對他有好感的 **暗示** 給喜歡的男生，漸漸的抓住他的注意力後，讓他親近妳。等這個男生跟妳開口時，跟他提出無理的要求或者對他冷淡，再觀察他的反應，即使這個男生平常對妳不錯，還是千萬不要太容易跟他發生關係，如果一切都讓這個男生覺得很容易得到，他反而會看輕妳。如果能學會當個有堅持的女人，反而能從男人手裡得到更多。

2X+Y=Z
Z=……

他到底喜不喜歡我

日台女生**性格的差別**

　　我覺得日本女生、台灣女生個性上有很大的差異。日本女生發現對方有缺點，大部分都是默默放在心裡，不會直接表明，因為這樣子，有時候會摸不清她們真正的想法。但這是為了什麼？其實不要傷害別人，也算是一種美德。台灣女生發現對方有缺點，大部分會直接告訴對方，常常在無心中傷害到別人。這是為了什麼？也是為了關心對方，覺得朋友間就該坦承，也算是種美德，我覺得兩種都有其優點，因為出發點都是為了朋友好，至於哪種好，要靠妳自己決定嘍！

上班族**偏愛的話題**

　　男生不太拿手沒有意義的話題，如上所述，不喜歡拐彎抹角，最好直來直往，說明白清楚一點，對於比較木頭的男生來說比較不會那麼有壓力。

　　音樂、汽車、足球、棒球、格鬥、經濟、西裝等等，當然還有很多，雖然範圍很廣，但是只要先知道一個大概，在交談的過程中讓他覺得妳有參與感，這樣的話他也會很高興。

日本男生不欣賞的女生類型（其實全世界男生都一樣）

⭐ **有異性沒人性**：例如朋友不在的時候在他們背後說他壞話，即使背叛友情也沒有感覺的人，這是沒有義氣的女生會做的事。所以真心的與別人相處才是最重要的。

⭐ **大嗓門的女生**：講話的聲音可以大到隔壁的隔壁的隔壁都聽得到，真的有這樣的需要嗎？也許妳是無心的，但是大聲說話時也要注意到週遭朋友的感受與自己的形象喔。

⭐ **喜歡講悄悄話的女生**：我國中的時候最討厭這種女生，雖然我懂這是她們的習慣，但是講悄悄話還是有點像在背後說人壞話的感覺。

⭐ **不懂得表達關心的女生**：看到別人的不幸，卻不會表達關心之意，女生還是要溫柔體貼一點吧！

⭐ **講話沒有氣質或常常說粗話的人**：不管長得多可愛漂亮，還是會把條件好的人嚇走的。

⭐ **很壯的女生**：做運動是很健康很好的事情，也可以保持自己的身材體力在最好的狀態，但是女生肌肉還是不要練到太發達，一般男生還是有點不太能接受喔。

⭐ **太胖的女生**：有一點豐滿的女生其實是OK的，但是如果太多肉的話，還是會讓大部分男生不易接受喔。

⭐ **不愛乾淨的女生**：每一天都要注意自己的穿著，隨時要保持乾淨喔！如果妳有體味的問題，或者是不注重口腔衛生，甚至有草莓鼻，雖然妳的笑容很可愛，卻會被這些小事破壞掉，所以還是要注意自身的清潔喔。

兩個女生靠在一起說悄悄話真的很像說壞話……

現在還有 大男人主義嗎？

講到日本男人似乎就會想起「大男人主義」，過去的確存在著這種現象，但是我覺得大男人主義已經過時了。雖然有人會覺得這種心態主要是出於保護女生的好意，是種紳士的感覺，但其實表現的方法還有很多種。男士們，請把強硬的態度換成溫柔體貼吧。

台灣味，就是人情味啦

從剛來台灣到現在，很多人幫助過我，謝謝各位台灣的好朋友們。我覺得台灣的朋友都很親切熱情，當初我在路上迷路語言又不通，大家都很熱情的幫助我，詳盡的幫我解說該怎麼走。很多台灣朋友把我當家人一樣，因為我有組一個搖滾樂團 Smile Egg，常常有機會全省走透透去表演，可以感受每個地方的朋友的熱情，讓我感動過很多次。

我有一個台灣朋友去日本迷路的時候，用英語來問路，結果大家都只回他 I'm sorry 就跑掉了。我先聲明不是日本人比較冷漠，只是英語對很多日本人來說還是有點小障礙。當然日本還是有很多熱情的朋友，但是我還是比較喜歡台灣的方式。

找出
適合妳的Style？

　　流行固然很重要，但是不要盲目追逐流行跑，畢竟最重要的是要找出適合自己的風格。除此之外，這些適合自己的東西，會隨著年齡、地位、環境，不斷改變。妳也可以參考大家的意見，如服裝店的店員、髮型師等等，讓自己明白什麼樣的風格最適合自己。當然閱讀雜誌也是不錯的選擇！如果有一天遇到心儀的人時，我希望妳可以用最漂亮的自己來面對他。

　　不管妳的體型瘦或胖都會有很適合妳的衣服，如果妳覺得再瘦一點可以穿妳想穿的衣服，那妳應該要努力去健康地減肥。就好比妳每一天存五十元，經過一年之後就有一萬八千二百五十元，妳可以用這些錢來當治裝費一樣，減肥靠的也是同樣的道理日日持續的努力才能達成目標喔。

如果妳太瘦，妳需要的是健康的飲食生活，早上是該吃最多的一餐，中午吃適量，晚上吃少一點，宵夜適量，還須配合適量的運動。到了晚上，滿足自己的胃，放心的睡吧，讓自己有充實的生活外，保持心情的放鬆是很重要的。

　　每一天自我突破，每天想像自己希望變成的樣子，不停催眠自己可以做得到，妳就會發現朝目標已經越來越近了。

心機很重？
可是男生就吃這一套

《聯誼交友必備指南》

如何自我介紹

在聯誼或社交場合自我介紹時，不要說全名，如果妳有日本的名字，最好說日本的名字比如說美香等等。也可以說英文名字，一開始不要說自己的姓，因為很難記住本名，等到對方問妳本名時，才大方的跟他說。如果對方的年齡比妳大，可以稱呼他為XXX SAN（桑），不知道年紀時也可以用喔，如果是同輩或者比妳小可以稱呼他XXX KUN（君）。

對方自我介紹時一定要看著對方，聽說面對面講話的時候，女生的眼睛看著男生的眼瞼的位置，這個角度的眼神從男生來看是最美的。專心的聆聽，然後慢慢問他一些問題，比如說在哪裡出生啊等等⋯⋯

如果現場有喜歡的人，不要馬上去他的旁邊，一開始的半小時至一個小時，可以讓自己把心思專心放在 PARTY 上。

戀愛還是男生主動比較好。男生被女生追的時候，往往會想要逃避，女生離開男生的時候，男生才會想要追。女生戀愛的時候會很積極，所以會讓自己變得很漂亮，沒有努力的人是得不到幸福的，對自己有信心的人，會很受歡迎，努力去面對自己，才會幫自己產生更多機會與緣分。

善用身體的碰觸

男生碰到異性的身體，往往會有吃豆腐的嫌疑。但是女生卻大大的不同，這樣的肢體語言不會特別被放大，身體的接觸很容易引起火花，尤其在雙方有點感覺的時候，很需要一點火花來點燃雙方。但是哪些點才是好的選擇呢，比如手指、手臂、肩膀、大腿，或膝蓋。

能夠自然大方身體暗示的女生，往往會比較容易受到異性的歡迎。當然中間尺度的拿捏必須要很清楚的掌握，聊天的過程中，隨著氣氛融合，會開始有一些肢體的接觸，抓住機會多嘗試一些肢體的接觸。機會有很多，好好用妳的觀察力去發現吧！

如果妳發現旁邊有人用異樣的眼光注視妳，更要表現得大大方方，因為如果妳開始在意旁邊的目光，就會開始表現得不自然，這樣氣氛就會尷尬。

臉紅

日本 Model Chiaki！

男生關注的話題

　　男生通常關注的話題不外乎運動、工作、新聞、高科技產品、做了什麼、去了哪裡、獲得什麼等等。而且根據男生的腦部構造來說，往往一次只能思考一件事情，沒有辦法像女生一樣，可以同時切換很多話題，不知道這樣好還是不好，如果能夠先知道這些，相信在談天過程中對妳一定有很大的幫助。

　　講話要有重點跟目的，要了解他的笑話與幽默方式（捧場很重要）。也可以問他一些簡單的問題：「我喜歡喝味噌湯，你知道煮的時候要放哪些材料好呢？」把話題引導到他專長的領域，讓他敞開話匣子。男生一次只能聊一個話題，如果講了一個話題後還沒有結論，又開始新的話題，對男生來說，之前的話題是不是只是講好玩的，會讓男生覺得不太實際。跳來跳去的話題會讓男生覺得煩躁。

女性要注意的事

戒指再好看，也不要戴在無名指

1 ＊公開自己是獨居的女生發生爛桃花的機會較多，自己要注意。

2 ＊碰到喜歡炫耀的日本男生，如果妳對他有感覺，妳必須學會聆聽。而且開心的鼓勵會有更好的效果，因為就算連酒店的小姐通常也做不到這一點。

3 ＊在日本，女生最好不要翹二郎腿。相對的，男生不要雙手交叉在胸前，女性也是，因為這些動作有暗示拒絕的意思。

4 ＊女生的眼睛往往可以把男生騙得團團轉。但是日本男生心虛的時候眼神通常會往下飄，不敢直視妳的眼睛，如果這時候妳穿的是低胸的衣服將會有很好的發揮。

5 ＊戴戒指的時候要注意，就算戒指再好看再喜歡，也不要戴在左手的無名指，以免造成妳已經結婚的誤解。

6 ＊在日本如果參加聯誼，千萬別穿全身幾十萬上下的服裝，這樣會讓妳錯失很多機會和緣分，碰不到真正想談戀愛的男生，也會讓很多的上班族對妳望之卻步。帶一個名牌 LV 包包，還不如帶一個適合妳的包包。

7 ＊時常表現結婚渴望的女生，常常會被有心機的男生趁虛而入。所以把這個感覺藏在心裡比較好。

8 ＊如果妳有離過婚的經驗也不要先講出去，因為有一些男生比較容易看輕這種女生，覺得不必對她太認真。

媚惑日本男生，
就這麼辦

SEXY作戰：

　　巧妙地用手肘擠出自己的乳溝，再不經意的靠近他，一般男生很難抗拒這種誘惑；或者善用肢體的接觸，如膝蓋等等。但是如果尺度沒拿捏好，會容易被當成隨便的女生，還是要多注意。

撒嬌：

　　女生要會很自然撒嬌，男生碰到女生撒嬌的時候就沒輒了，很會撒嬌的女生是蠻受歡迎的。

靠著肩膀戰略：

　　一起寫功課或喝酒的時候輕輕靠著對方的肩膀。雖然是老套，但是確實有效果。

誇獎他的肌肉：

　　妳可以跟他說：「我好喜歡有肌肉的男生。」。講這方面東西的時候，男生可能會說：「竟然被妳發現我有練肌肉啊！」效果會不錯喔。誇獎對方的肌肉，很自然的去觸碰他的肌肉是很重要滴，這方式也會增進彼此的關係，男生被稱讚會很高興，被誇獎後肌肉被摸著欣賞，會讓男生更高興。

　　即使他沒有很壯，誇獎手臂也不錯，說：「你的手臂很結實喔！」男生就會邊說：「是嗎？」順便比出大力士的招牌動作，女生要適時去觸摸他的肌肉說：

sugo~~~~l（日語很棒的意思），看到他高興的話也代表大功告成了。接下來妳要說：「你看我完全沒有肌肉，好軟喔！」（順勢抬起自己的手臂），男生應該馬上就會傻住，妳可以半自主讓他觸碰妳的手臂，如果妳能做到這點，

代表作戰已經大成功了，那位日本男生一定會被妳吸引。

　　如果對方是個很瘦的男生，誇獎的地方也要不同。比如稱讚他的穿衣風格、他的智慧，妳可以跟他說：「我通常比較欣賞有肌肉的男生，但是每次交往的都是比較瘦的。」會讓對方覺得自己很有機會。

你看我完全沒有肌肉，好軟喔！

…………♥

成功了

餐桌上的技巧：

吃到好吃的東西，故意吃一口再給他；或是兩個人去喝茶，故意點一個蛋糕，然後一起吃，如果用同一分餐具，真是讓人臉紅心跳。

卡位戰略：

在喝酒的場合，想坐那男生的旁邊，但是因為人太多，所以往往事與願違，當喜歡的人鄰座的朋友離開去洗手間的時候，這是一個機會，拿著自己的杯子過去打招呼。講話的時候，妳的身體要正面面向他。比如說他剛好坐在妳旁邊，不要面向桌子跟他說話，一定要移動自己的身體面向他，如果對方剛好坐在自己的對面，跟他說話時可以微微把身體向前傾。

注意！ 當喜歡的人在跟別的朋友聊天時，不要過去插話，這樣會讓人覺得沒禮貌。試著叫他過來這邊坐，順勢拿起他的杯子，放到自己杯子旁邊，會讓他非過來不可。如果他還是很猶豫，這是一個暗示：表示他可能對妳沒有多大興趣。

要當點頭達人：

當然不只是一味的點頭，還是要跟他溝通，要記住很會哈啦固然重要，但是當一個**好的聆聽者**更重要，一定要看著對方的眼睛聽他的話。當然，不用一直看著他的眼睛，妳認真聽他說話的時候，男生也許會有點害羞，但是感覺會很好。

超感動！

我中文不好，她還這麼認真聽

其實我聽嘸！

電話戰略：

這是稍微有點刻意的做法，妳可以故意打電話問他說：「你有打電話給我嗎？」因為他其實沒打，所以他一定會有點驚訝，這樣可以讓妳有一個開始，跟他有機會聊起來，經過了幾天的電話溝通後，覺得對方反應還不錯的話，就不要再打過去了，妳要忍耐，他一定會覺

得奇怪！今天怎麼沒再打過來了！
如果男生打來接不接都ok，重點
是他開始在乎妳了，所以這次作
戰是成功的。雖然有點老套不過
還是有用。

　　萬一他都沒打來，妳可以
再用「你有打電話給我嗎？」
這一招看看他的反應，如果
感覺他對妳始終沒有很熱
情，也別難過，至少聽到
他 的 聲 音
啦。雖然可
能 沒 有 結
果，還是要保
持好心情。

kou，你有打
電話給我嗎

不過順便聊
一聊好了！

我沒打電話給她

還是非親他不可

女生要跟喜歡的男生接吻的時候，最好要看氣氛是不是適合，當然最好是男生主動。女生最好不要在還不太了解對方的時候就接吻，還是要等再了解一些才好。如果男生願意跟妳分享很多心事，表示妳在他心中已經有一定的位置了。親對方的嘴唇不如親他的臉頰，女生要很確定自己在幹嘛才可以採取比較主動的行為，不然很容易造成尷尬的情況，或者讓他誤會妳只是想玩玩，所以要小心。對方對妳有沒有感情，需要自己有一定的觀察力，從他對妳的態度來判斷。

KOU獨家 可愛的索吻小技巧：

★ 把他灌醉。

★ 趁他睡著的時候，偷偷地下手。

★ 趁對方轉頭時，把頭靠近，等他轉回來就親到了。

★ 我有話跟你說。（說悄悄話的方式很靠近耳朵說話，自然就會親到了）

★ 跟他玩遊戲，處罰的時候要求他閉上眼睛，而處罰就是KISS。

★ 直接跟他告白，就KISS下去了。

★ 以撒嬌的方式，跟他要一個吻。

可愛攻勢

　　不管妳覺得話題有多無聊，還是記住眼睛要認真的看著對方，即使對他沒有感覺，眼神也不可流露出不屑的樣子，一定要表現出認真可愛的一面，用水汪汪的眼神看著對方，再積極點可以把雙手托著臉頰表現出小女人無助的感覺，這些肢體語言通常要經過一定的練習，才能夠在需要的時候自然的表現出來。每句話的結語可以拉高尾音或者加入語助詞，如「嗯…」、「啊…」、「SUGO-I HAHA」等等。女生看女生這麼做可能會覺得很做作，可是日本男生就吃這一套，這可是「可愛公式」的不二法門呢！

　　言談之間隨著情況適時善用自己的臉部表情，盡可能的可愛，即使是一件很小的事，也可以表現出嚇一大跳的感覺，驚訝、難過或開心。為了他唱歌，為了他跳舞，要懂得觀察他的行動能立刻做出合宜的反應。

是喔？
好厲害！

我昨天去拍戲，
一個人吃了五個
便當喔！

不管說多簡單的日文都可以，日本男生都會很開心！

こんにちわ. 你好。
konnichiwa

おはよう. 早安。
ohayou

こんばんわ. 晚安。
konbanwa

かっこいいですね. 你很帥。
kakkoiidesune

わたしは（名字）です. 我是（名字）。
watashi ……wadesu

にほんじんですか？ 日本人嗎？
nihonjin desuka？

ありがとう. 謝謝。
arigatou

これは、、、です. 這是……
korewa…… desu

あれは、、、です. 那是……
Arewa…… desu

だいじょうぶですか？ 沒問題嗎？
Daijoubu desuka？

はい. 是。
hai.

いいえ. 不是。
iie

だいすきです. 超喜歡。
daisuki desu

すきですか？喜歡嗎？
Suki desuka?

すきです. 喜歡。
suki desu

とってもいいです. 很好。
tottemo iidesu

そうですか？是嗎？
Soudesuka?

にほん日本
nihon

たいわん 台灣
taiwan

にほんりょうり 日本料理
nihon ryouri

おさけ 酒
osake

就算起雞皮疙瘩，
還是要裝可愛

比如說在搭雲霄飛車，整個的緊張刺激時，還不忘跟他說：「雖然現在我很害怕，但因為有你在我身邊，我一定努力的搭雲霄飛車，讓我們一起加油！」或者是說：「我真的不敢坐雲霄飛車，但是我會站在這裡默默看著你，幫你加油！」最後還不忘加上一個甜美的笑容。或者是「等一下坐雲霄飛車的時候我會很害怕，可不可以讓我牽你的手！」。

拜託事情的技巧

　　拜託一件事情的時候，要學會善用無助的眼神，搭配水汪汪的眼睛，學會用溫柔眼神搭配輕柔的聲音問他說：「不可以嗎？」（PS：像街角的盒子裡等人領養的狗狗，小狗無辜的眼神讓人不禁動容，就差不多是這種感覺。）

　　要行動就大方做，雖然會覺得不好意思或害羞，但是還是要勇敢的付出，千萬不要忘記一切要符合可愛的原則，學會忘記害羞的感覺，裝可愛時不要用一般眼光看妳自己，要讓自己完全投入可愛的境界裡，催眠自己「我就是這個樣子」，一切才會自然。

還不曉得要幫什麼的kou

出差或旅行
都是機會

出發前一天先約他出來，給他一個禮物或驚喜，可能是幸運符或旅行需要的小東西。他也許會說不好意思收下，但是他心裡一定很高興，也可以給他妳自己平常在用的東西如「手機吊飾」，把它當作是個幸運符送給他，他可能會問真的可以收下嗎？但是不用理他，趁他還下不了決心時，自己還是帶著笑容幫他掛上去。

創造兩人
共通的密語

例如「今天晚上，要不要來我家」的「我家」用只有兩個人懂的話來形容。這個形容的詞只要是兩個人能溝通其他人懂不懂無謂。如把「我家」說成（PR＝Personal Room：個人空間）這樣的形容詞。所以「今天晚上要不要來『我家』」也可以這樣說「今天晚上要不要來 pr？」。

其他的像麥當勞形容成 mac、甜甜圈可以形容成 Misudo 等等。

刻意去創造兩個人特有的話語，可以自然的拉近兩個人之間的距離。

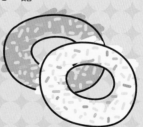

充滿魅力的氣味

　　當男生聞到女生散發出的氣息時，往往會很心動。而且女生往往都會把自己弄得很香，聞這種讓人喜歡的味道，一整個晚上都不會膩。當然香水不要噴得太多，若有似無的感覺是很好的，**very good**！如果妳是一個香水達人，且因為噴了香水，而成為聊天的話題，進而可以互相談論香水的奧義，也是很有趣的。

　　P.S.如果妳喜歡的男生喜歡運動，偷偷買一條運動毛巾給他，在上面噴上妳常用的香水，讓他習慣妳的味道。

生病時
要記得趁虛而入

他生病的時候不要光顧著難過，反而要開心一點！因為這是個大好機會，千萬要把握，因為日本男生很少生病，這時給他關心，例如貼心主動的幫他買藥，或者親手煮一些營養的食物給他調理身體，相信他一定會很高興。通常男生碰到主動的女生比較會不知所措，但是這時候他一定會很感謝妳，這種從內心深處的感動，對彼此的發展有很大的幫助。

慢慢吃，小心噎到喔！

關心也要適可而止吧…

約會前
別忘了檢查儀容

要修剪鼻毛

不管多漂亮的女生鼻子如果噴毛，殺傷力都是很驚人的！

牙齒的魅力

牙縫中如果有菜渣海苔等等，這時候就算妳有陽光般甜美的笑容，也會變成搞笑。

妳的腳不臭嗎？

妳也不知道什麼時候會有需要脫鞋的場合，因此隨時準備濕紙巾和乾淨的襪子。

換上妳的隱形眼鏡

我覺得在台灣戴眼鏡的女生好多喔，戴眼鏡的時候會讓人覺得比較不愛玩，愛讀書，有點僵硬的感覺。當然真正要做事的時候戴眼鏡無妨，可是出去的時候要展現出自己比較獨特的一面給心儀的男生看。

你自己也有戴！

kou：台灣女生真愛戴眼鏡！

戀愛大忌

出軌：劈腿不好吧！因為我曾經也被劈腿過，而且還是劈三腿，這種感覺很不好喔（＞＜）。

不可以否定彼此的價值觀：互相尊重的關係是很重要的，大到不同國家的人，小到不同行業的人，都有不同的價值觀，唯有包容更多不同的觀念才能讓自己更向上提升。

說謊：日本有一句諺語：「騙人的人後來還是會被別人騙」，所以要好好維持自己的信用喔。

拿對方跟之前的另一半做比較：這非常不好，對於兩個人之間的感情會有很大的影響，甚至整個感覺都會瞬間冷卻。

過度限制對方自由：關心是很好的，但是管人可就不好了，如果牽涉到過多對方的時間空間自由時，就已經超之太過了，有時候一個人的自我空間也很重要。

偷看對方的隱私如簡訊、MAIL、手機等：

不管有任何理由，侵犯到對方隱私如信件、簡訊，就會讓對方覺得你不信任他，還有被監視的感覺，會產生很多的誤解喔。

忘記對方的生日：如果喜歡的人忘記你的生日，是會讓人失望的，拜託請記住對方的生日。

背後跟別人抱怨自己另一半的缺點：常常有些事情是不會當面跟另一半明講的，只想跟好朋友抱怨一下。但是這畢竟不是解決的辦法，因為解鈴還需繫鈴人。

戀愛大小事

女生喜歡男生
的一瞬間

1.溫柔體貼的時候：比如說主動幫女生開車門等
等，越小的事情越能展現你的細心。

2.認真的時候：認真的男人往往是最吸引人的。

3.危急反應的時候：女生碰到一些狀況的時候男生
能夠迅速正確的做出反應，保護她，比如說走在車多
的路上的時候，要幫女生注意亂衝亂撞的駕駛，保護
她的安全。

4.沒想到他這麼的結實（肌肉）：雖然平常沒
有發現，但是某一天忽然看到他結實的肌肉時，還是
會讓人立刻覺得他很 man。

5.看到男生害羞的笑容：有時候女生會被男生害
羞的笑容吸引，原來如此！

6.被關心的時候：在她需要幫助的時候對她說：
「妳不是一個人，因為妳還有我。」啊，不過我也希
望女生也會對我說這樣的話！！！

7.開車的時候很沉著：雖然這個男生平常沒什麼魄力，但是他開車時總是很專注，對女生來說還是很有吸引力。

8.大方（付錢）：日本女生被請客時會很高興的欣然接受，但是記住別把男生當錢包喔。

9.單手倒車的一瞬間：據說男生倒車的那個pose會讓日本女生覺得很 man。

10.認真思考的時候：會思考的男生也會讓女生覺得很 man！

男生喜歡女生
的一瞬間

自然展現出溫柔的時候：例如會拿出衛生紙主動幫男生擦拭臉上的髒污，有這種貼心的舉動的女生，對於男生會很有吸引力。

自然關心的時候：有時候日本女生會過度關心到讓你覺得不好意思，但是這樣的感覺還不錯。

心情低落的時候被女生鼓勵：像唸書工作時壓力會特別大，如果有個女生在旁邊鼓勵你，是非常讓人感動的。

當有一個甜美笑容加上眼神交會的時候：也許並不相識，但是時常碰面，可能是隔壁班的同學等等，這種神祕感會讓兩個人眼神交會時產生一種特別的感覺，男生會很難忘記。

聞到女生的香味：女生的身體總是香香的，感覺起來是很自然的香味，碰到這樣的女生，會讓人不知不覺想偷偷跟在她後面走。

看到美腿的時候：注重腿美不美的
男生好像非常多！我也是啊……哈哈

漂亮的眼睛：漂亮的大眼睛會讓許多
男生招架不住！

手很漂亮：一雙漂亮的手會讓男生覺
得很性感！會很想牽她的手走在路上。

親手做羹湯：不管煮什麼菜，親手做
的料理總是會讓人覺得特別好吃，如
果每天都能吃到是很幸福的一件事。

你臉上髒髒的……

羞！

美腿是每個男
人的焦點！

溫柔的女生永遠
都會受歡迎！

好男人是……

- ★ **帥哥**
- ★ **聰明**
- ★ **有錢**
- ★ **性格很好**
- ★ **心很好**

具備其中一項就很厲害了，全部都有的人
應該不存在吧？！

受歡迎的女生
性格是？

　　溫柔、關心朋友，擁有開朗個性，學會自己親手做一些東西送給心儀的男生，如餅乾、蛋糕，或者是圍巾，也許比不上外面的精緻，但是對彼此而言都會具有特別的意義，而這分禮物也將讓對方大感動，這就是重點。

　　講話要有技巧。給他一個驚喜時千萬不能說：「我花很多時間準備，為了你幾天沒睡」等等，這些過程即使再辛苦，費盡多少心力，也不能夠明白告訴他，反而要表現出一切都很輕而易舉的樣子。這時如果能謙虛

好像很厲害！
要送我的嗎？

我可是有練過的呢！

的跟他說類似這樣的話：「這是我第一次親手做的餅乾，也許吃起來沒有那麼可口。」這樣反而比較好。

跟他聊天的過程當中，可以藉機送他小禮物，不一定要很貴。比如說他上班要常常坐在螢幕前面，即使只是送他一瓶小小的眼藥水，他也會很開心！主要的是關心對方，要他覺得這個女生很體貼，不吝嗇付出她的關心。

就算他說妳親手做的點心很好吃，也不要因此就覺得只要做點心給他吃，他就會一直很開心。如果他以為妳只是很喜歡做點心給人品嚐，這分禮物對他的意義就沒那麼大了。

越難得到的東西越有價值，感情也是一樣。男生要有價值的東西，為了得到有價值的東西而努力，戀愛也是如此，如果隨時可以獲得，這分感情將不會被珍惜，女生千萬不要為了男生只會傻傻的付出。

反差的美感

★ 如果看起來是個女強人，但內心卻是弱女子。

★ 如果看起來很精明，但其實笨手笨腳。

★ 如果看起來是個距離很遠的冰山美人，但其實相
處起來很容易。

以上這些反差會讓男生覺得很可愛。

日文教室 | 日文情書的範本

【範本】

功一朗様へ
Koichiro sama he

はじめまして. 私は、一年C組的桃子です.
Hajimemashite. Watashiwa Ichinen　Cgumi noMOMOKO desu.

突然的手紙　すみません.
Totsuzen no　Tegami sumimasen.

學校でよく、あなたを見かけます.
Gakkoude yoku、Anatawo mikakemasu.

私は今、日本語を勉強しています.
Watashiwa ima Nihongowo benkyoushiteimasu.

是非、友達になってくれませんか?
Zehi,Tomodachini nattekuremasenka?

日本語を教えてください.　一緒に宿題をしましょう.
Nihongowo Oshietekudasai.　Isshoni Shukudaiwo shimashou.

From 桃子

【翻譯】

功一朗同學：

初次見面，我是一年C班的桃子。

很抱歉忽然給你這樣的一封信，

我時常在學校裡面看到你，

我現在正在學日文，

可不可以跟你做一個朋友？

請多多教我日文。希望能跟你一起做功課。

From 桃子

真正的女性魅力

　　異性緣好的女生不等於亂搞男女關係的女生。認識很多人不見得全靠魅力。真正受歡迎的女生是因為她的心，不僅只受男生歡迎，女生也會喜歡跟她當朋友。只受男生歡迎的女生，不代表妳真的很有魅力。

學會說「謝謝」與「對不起」

　　異國戀情本來就會有許多習慣與語言上的不同，可能會產生摩擦，如果自己做錯事情立刻道歉，比找一堆藉口好得多。

吵架

　　避免吵架最好的方法就是誰犯錯就馬上道歉，萬一對方是男生犯錯的時候，男生應該要主動道歉才對，萬一碰到裝傻或死不道歉的人，最好別理他了。但是如果已經很喜歡對方了，沒辦法不理他，那可以先試著軟化自己的態度，跟他用可愛的方式先跟他說聲對不起，也許對方也會緩和下來跟妳道歉。

　　妳明明沒有做錯事情，還要跟他道歉雖然不太合理，但是偏偏就是有男生拉不下臉或者根本不認為自己錯。我還是覺得，就算妳很喜歡他，但是這樣的人，此時早一點放棄比較好，不然以後辛苦的還是自己。

快道歉！

瞭解喜歡人的興趣

如果妳真心喜歡一個人，就必須了解他的興趣、喜歡的事情、偏愛的顏色，一旦有了共同的話題，一定會相處更和樂！

比如說我的 Fans 之前也問了我很多問題，這裡就公開我的喜好給大家知道：

1：喜歡音樂嗎？喜歡哪些音樂？

基本上什麼曲風都會聽。Mr. children、棒棒雞、
陳奕迅、Jay、五月天、信樂團、
Ketsumeishi 等等！

2：會玩哪些樂器？

我最喜歡彈吉他、在家裡有空的時間我都
會抱起我的吉他創作詞曲，這張照片是二00
五年四月時，我來台灣兩年後才回到日本
時，我父親原諒我，並且轉為支持我，送
給我的吉他。

3：喜歡的顏色？

藍、黑、白、咖啡色。

4：喜歡的香水？

FIERCE、BVLGARI 等等。喜歡淡的味道。

5：喜歡在家裡點一些薰香嗎？

我很喜歡讓身體放鬆。

6：喜歡看電影嗎？

幾乎每天都在看，因為喜歡演戲所以我對這方面很有興趣。

7：喜歡泡澡嗎？

日本人應該都喜歡泡澡吧！

8：喜歡喝酒嗎？

超喜歡，喜歡跟大家一起熱熱鬧鬧的感覺。

9：學中文難不難？

我很喜歡學習中文，目前已經可以用中文來跟大家溝通了(真

的嗎？！)。最近對台語也有興趣。

10：不喜歡什麼菜？

芹菜、香菜、臭豆腐，五年來還是無法克服……

11：頭髮是燙的嗎？

我的頭髮是自然捲，很難整理。

12：習慣台灣的氣候嗎？

很怕熱的天氣，身體感覺都快融化了。

13：喜歡逛街嗎？

超喜歡逛街，一個人也是會去逛，看

到喜歡的一定買，因為不想讓自己

後悔。

14：每天都會吃早餐嗎？

早餐可以不吃，但是我每天早上一

定要喝咖啡，不然沒有辦法清醒。

15：有練肌肉嗎？

我喜歡在家裡仰臥起坐和伏地挺身，這是為了保持好的身材。最近效果卓越，肌肉越來越大，可是看起來也變得有一點胖，讓我有點難過。

16：喜歡運動嗎？

超級喜歡打籃球，高二時獲得全日本 Winter Cup 籃球比賽第一名！

17：喜歡自己嗎？

還滿喜歡的，在家裡如果沒有鏡子我就沒辦法活下去，一定要照鏡子，主要還是要練習表情和培養演技，但是總是被我的好朋友說我是自戀狂……哈哈哈。

18：喜歡上網嗎？

我喜歡上 Kou 的家族和 S M I L E E G G 家族的網站，回覆一下留言，我收到支持我的朋友很多關心，也讓我更有勇氣，真的謝謝你們，我很感動！

19：喜歡吃什麼？

基本上什麼都吃，除了芹菜、香菜、臭豆腐之外，我超級愛吃美味，但是還要時時注意到自己的身材，真辛苦。

20：喜歡的衣服品牌？

Vivienne Westwood 是我最~~最愛的品牌！

COMME CA DU MODE 和 Jun Men。

上面的問題給大家參考，有一天你碰到自己喜歡的日本男生時別忘記也問他喔！了解對方時感覺是很重要的 !!!

要練習唱
日本的歌曲

　　如果可以在喜歡的日本男生面前唱出流利的日本歌，一定會讓他留下非常深刻的印象，所以大膽的唱情歌給他聽吧。在台灣也可以買到很多日本歌手的CD（還比日本便宜很多！！），碰到喜歡的就立刻買下來吧，回家可以練練你的唱歌技巧，還可以學學日文！！！

約會的三原則

　　想要讓日本男生在約會時留下好印象，並在約會後主動對妳說 :「如果有機會能夠再次跟妳見面嗎？」要記得把握這三個原則：**不要著急、不要緊張、不要放棄**。

　　雖說準備約會行程好像是男生該做的事，但現在的對象是日本男生，對台灣畢竟沒有生活在此地二十多年的女生那麼了解，所以想要有個完美的約會，還要多下點苦心唷。以下還有更多約會該注意的細節，都要記起來！

◎ 事先規劃好要去哪裡，偷偷做好一切準備，等出去時再表現若無其事的樣子。

◎ 注意自己的穿著打扮。初次約會

打扮太華麗或太隨性都不好，最好是觀察男生平日的穿著來加以搭配。

◎ 如果妳不擅長言語溝通（畢竟是跟日本人），要盡量避免只吃飯的約會，考慮看電影、MTV、演唱會等等。不用說太多話的場合是不錯的選擇。

◎ 如果妳想要有個成功的約會，要學會聆聽，不要多做無謂的發言。

◎ 如果他是一個優柔寡斷的男生，妳可以主動幫他做一些決定，與其說「要去哪裡？」不如直接說「我們去那裡吧！」

◎ 就算已經很熟了還是要注意自己的行為舉止。

◎ 不要猜他的心思，或一直想挖掘他內心的祕密。

◎ 約會結束前要巧妙暗示他，把跟他出去很開心的感覺傳達讓他知道。

　　去約會之前會考慮很多事情，比如說去哪裡呢？想吃些什麼？待會兒想要聊些什麼內容？

　　就算妳覺得做了萬全的準備，還是會有突發狀況發生，這是很正常的。我覺得如果能夠達到目標的百分之六十就已經很好了，未來會有很多機會，不要難過繼續往前邁進。

戀愛課外活動

看電影

　　台灣的電影院座位跟設備與日本比起來果然不同，大多走的是美式風格，座位不僅比較寬敞還有很多變化，跟朋友去看喜歡的電影也是不錯的感覺。推薦給你！台灣的電影有中文字幕，所以對學中文的日本人來說也是一個不錯的語言學習環境。如果跟喜歡的日本男生去看喜歡的日本電影，看完電影後兩個人一起討論劇情可以增加彼此的感情。

租些喜歡的DVD來看

　　看DVD最重要的條件就是在哪裡看，朋友家看片也好、在日本男生或女生的家兩人一起看也好，爆米花是不可少的配備，這比在電影院更能好好享受兩人世界。

漂亮的夜景

　　如果有機車或汽車，可以帶另一半去有漂亮夜景的地方如陽明山、101等等，邊看美景邊談天，不知不覺中也拉近了彼此的距離，如果可以喝酒的話更好，酒可以幫助大家更放開的談天說地。晚上的霓虹燈像施了魔

法一般，可以增添談話的氣氛。
如果有開車就別喝酒啦，因為安
全才是最重要的。這次我去了美
麗華，夜景超漂亮，摩天輪也很
壯觀高大，要是能跟喜歡的人一
起搭乘一定是開心的事。

台灣摩天輪，不輸日本台場ㄟ！

電動玩具

　　如果兩個人都喜愛電玩
的話，也可以培養出另一種樂
趣，即使對方中文還不太流
利，還是可以透過這個媒介做心
靈的交流，可以玩的遊戲如格
鬥、驚悚、賽車等等，在相互競爭
與相互幫助中，可以得到更特別的情感交流。

耶！全倒

保齡球

　　不管是人多人少都可以很HIGH的運動，如果全倒時相互擊
掌，妳的心跟他的心也一起擊掌了。

撲克牌

撲克牌的玩法是全世界都差不多的，所以妳如果有
新的玩法，可以慢慢教他，如猜牌一樣猜對方的心。

拍貼

拍大頭貼的時候，是兩個增加感情的好機會，因為
鏡頭很窄所以要靠得很近，拍完後要記得在上面畫兩個
人共通的符號，這將會是一個很好的紀念。

日文教室 | 日文數字的說法

1	いち Ichi	2	に Ni
3	さん San	4	よん Yon
5	ご Go	6	ろく Roku
7	なな Nana	8	はち Hachi
9	きゅう Kyuu	10	じゅう Juu
11	じゅういち Juuichi	12	じゅうに Juuni
13	じゅうさん Juusan	14	じゅうよん Juuyon
15	じゅうご Juugo	16	じゅうろく Juuroku
17	じゅうなな Juunana	18	じゅうはち Juuhachi
19	じゅうきゅう Juukyuu	20	にじゅう Nijuu

21　にじゅういち Nijuuichi

22　にじゅうに Nijuuni

30　さんじゅう Sanjuu

31　さんじゅういち Sanjuuichi

40　よんじゅう Yonjuu

50　ごじゅう Gojuu

60　ろくじゅう Rokujuu

70　ななじゅう Nanajuu

100　ひゃく Hyaku

101　ひゃくいち Hyakuichi

111　ひゃくじゅういち Hyakujuuichi

120　ひゃくにじゅう Hyakunijuu

1000　せん Sen

1100　せんひゃく Senhyaku

2000　にせん Nisen

10000　いちまん Ichiman

10100　いちまんひゃく Ichimanhyaku

11100　いちまんせんひゃく Ichimansenhyaku

簡訊傳情意

用手機的簡訊來溝通也是不錯的方式，首先內容不能太乏味，最好是看了會讓人開心，當然有時候也可以告訴他一些妳的祕密，可以藉此間接增加彼此的信任感。但是跟平常一樣，還是要適時表達妳對他的關心，多傳些讓他開心的事，因為讓人快樂的力量是不可小看的，當對方碰到一些麻煩的時候，妳將會是他的精神支柱與避風港。讓他看到妳心胸很寬廣的一面，相信妳的異性緣也會不知不覺增加許多喔。

呆呆做功課
的樣子真吸引人

跟他一起做功課吧！

雖然平常妳可能事事在他面前表現得很笨拙，但是妳要讓他知道妳也會有認真的時候。他因看到妳一心一意認真的樣子，他會覺得很新奇。作業的討論過程中，一起面對解決問題，也是拉近彼此距離的好方法。

「生日」
是個好機會

　　生日聚會不一定要找很多人，兩個人一起慶祝生日也是另一種感覺。不要忘記帶禮物，一定要給他一種很深刻的印象，即使只有兩個人一起慶祝生日，還是要準備蛋糕，如果妳能親手做蛋糕，一定會讓對方更感動。如果參加地點是在KTV、朋友的家、飯店，很多人的PARTY，這種在很人多的場合該怎麼讓他注意到妳的存在？首先妳要拿出勇氣去跟他說話，藉著喝酒、跳舞等等理由跟他接近或兩個人一起唱歌，或把蛋糕切好拿給他，總之想辦法靠近他才有機會，畢竟是一年才有的一次機會，一定要好好把握。

　　如果可以唱日本版的生日快樂歌最好，不然英文版的生日快樂歌也OK，當然中文版生日快樂歌也可以。請放心！因為生日快樂歌的英日文版是幾乎一模一樣，日本的生日快樂歌雖然唱的是英語，但是唱起來很有日本的腔調。最後別忘了跟他說一些妳新學會的日文單字，然後給他一張生日卡片喔。

歌迷幫我辦的生
日會，感謝ne！

台灣女生
對自己要有信心

　　在台灣通常會聽到日本女生比較可愛、漂亮、溫柔，這是很多台灣男生對日本妹的印象，真的是這樣嗎？的確有可愛的日本女生，但是我個人覺得她們只是比較懂打扮，很多人說日本女生個性溫柔，我覺得是因為她們表達方式比較間接，所以看起來是很溫柔，但我也不敢說接下來……

　　關於身材，而身材好的女生比例，台灣勝日本一籌，皮膚也比較好。在日本有些女生化妝一次就是二小時，我想很少日本女生會不化妝出門。台灣女生皮膚好，沒有化妝也十分美麗。加上氣候潮溼比日本不適合化妝，呈現的面貌也比較自然，因為台灣女生本來就有很多好的地方，因此只要多努力一定會變得更美麗的，台灣女生要對自己有自信啦。

後記

　　這次看完這本書後，覺得怎麼樣呢？搞不好你會覺得我這個日本人怎會教你這麼多奇奇怪怪的東西，雖然有點班門弄斧，我還是希望這本書對你能有實質的幫助。

　　日本跟台灣有文化上的差別，雖然存在很多差異，可是有一種女生是大家都喜歡的，那就是**擁有善良心地的人**。怎麼樣才能讓自己的心更善良呢？我覺得要時時抱持感謝的心，對我們生活當中很多容易忽略的東西都要抱持感恩的心。有時候你覺得好像已經獲得的事情，卻又好像沒得到。有時候看到別人在努力的樣子有沒有覺得也會受到感染而開始想努力？我覺得這樣的感覺很重要，能瞬間讓自己充滿動力，能把自己的心

態調整到正軌，心一旦是美的，外表也會跟著美麗起來。有時候你的心不是很正派的時候，做什麼事情都會不太順，時常要讓自己心中充滿陽光。咦……好像在哪裡聽過這句話，但是我真的這麼想。

這本書裡面的內容是我的親身經歷，還有一些朋友的經驗，我把這些整理後呈現給大家。最後謝謝大家支持我，買了這本書。其實有很多的方法可以解決男女之間的問題，說實在話，接下來你的人生當中，會發生許多事情，不管如何，一定有其意義。希望大家可以選擇不會讓自己後悔的一條路。如果妳覺得這條路是正確的，請相信自己勇敢的堅持下去吧。衝吧！我也一直支持像這樣努力的妳。

特別篇

帶日本朋友去這些地方吧

想知道一些特別的地方嗎？
如果你完全沒概念，
接下來我為大家介紹幾個
日本朋友常去又好玩的點給大家！！！

超推薦場所！

店名：「GIGOLO」　吉格樂新日本料理BAR

地址：台北市南京東路一段132巷30號2樓之1

TEL：（02）2567-6568

FAX：（02）2567-6568

營業時間：星期天、星期一～星期四、Pm6：00～Am3：00

　　　　　星期五、星期六、Pm6：00～Am5：00（年中無休）

刷卡：OK　　　價位：中等

五木大學附近（林森北路附近）不是只有酒店喔！那裡有一家叫 GIGOLO 的 BAR！店的感覺很高級很有品味！那裡的老闆是日本人，叫做JIMMY。他中文說得很好，更厲害的是台語也通。但最霹靂的，其實他是**中國拳法的達人**！二〇〇〇年中國拳法比賽時他得到全日本的冠軍，他就是這麼厲害的一位人物。他待在台灣已經超過十年了！剛來的時候他在賣章魚燒，現在聽起來似乎沒什麼了不起，

老闆Jimmy

中國古拳法是我的專長！

但他是台灣第一位賣章魚燒的老闆，就是他讓台灣的朋友能有章魚燒吃，所以說他是**台灣章魚燒之父**也不為過！

　　他雖然是老闆，但是偶爾也會幫忙調酒，不知道是不是跟他練過的功夫有關，他在調酒的時候身體似乎散發出一股氣的力量，這股力量似乎會傳輸到調的酒裡，喝起來就是不同，超讚！雖然他的外表始終是酷酷屌屌的，但他本人是一位很可愛的人！如果是去約會，這家店不錯，不只是週末，平日的客人也很多，搞不好可以在那邊找到自己的另一半喔！menu 裡面的日本料理種類很多很豐富！而且超級 WU-MAI 好吃！服務生人都很好，好親切，會提供你超好的服務！

老闆Jimmy的中國拳法國寶級師父！高道生先生！

他最愛的座右銘：就是「一日爲師終生爲父」！

這隻貓是他在故鄉琉球養的貓！
老闆雖然外表很酷，但是一位對
小動物很溫柔的人！

老闆對客人的話：Gigolo的意思
是沒有女朋友的男生，這樣的店
裡面一定有許多好男人喔！！！

老闆喜歡的女生類型：台灣敗金
女。台灣美女！

超推薦場所！

店名：「燒站」新疆烤肉串、和風烤肉串、日式居酒料理

老闆

這家店的特色就是客人與客人間幾乎沒有距離,大家很容易就可以一起開開心心的喝酒和吃好吃的串燒!

店裡面雖然不大,但是人與人的距離很近,我也因此認識許多朋友,很開心!老闆 Katsu 是我在讀師大語言中心時的朋友,他白天在公司上班,晚上來到燒站提供給客人超好的服務,怎麼樣?他很帥吧!!!

廚師 Taka

廚師的名字叫 Taka,他工作的時候非常認真,然後差不多弄完之後,還陪我們一起喝酒,是一個很 cute 的人。這串燒是用中國的香料來做的,日本人和中國人都喜歡的口味,只要吃過都會想再光臨。他們對料理有很多執著,真的好好吃喔!!啤酒一瓶八十元,以串燒店的價格來說還真是便宜,難怪有這麼多客人。

這一天我樂團的團員和好朋友 SATORU 一起來這家店,氣氛超熱鬧。

在台灣可以吃到日本串燒(新疆烤肉串、和風烤肉串、日式居酒料理)，但是我覺得這家店最道地喔！！！

老闆對客人的話：要做就要最好，不然就不做。不管有沒有經驗，機會來時絕不放過。店的目標：「有愛行遍天下」，請享用我們用心調配料理的每一道菜。

老闆喜歡的女生類型：開朗、有自主性的女生。

超推薦場所！

店名：「SHO　CHU」　日式燒酒沙發Bar

地址：台北市光復南路420巷10號1F

TEL：（02）2704-2421

營業時間：星期天、星期一～星期四、Pm7：00～Am2：00

星期五、星期六、Pm7：00～Am3：00（年中無休）

刷卡：NO

這家店位於光復北路的巷子裡，客人一進去服務生就會大聲的說「歡迎光臨」，是一家品味高檔的店。在那邊我發現很多在台灣努力的日本人，不單單如此，還有一些知名的

畫家和藝術家都會定期光顧這家店。沙發坐起來超舒服，這家店最裡面有兩間 VIP 包廂，在那裡開 PARTY 或者是聯誼不錯喔！店長 Arashi 會說中文、日文和台語。他白天在新店某一家飯店工作，晚上又到「SHO CHU BAR」為客人做出美味的調酒，我的每一個朋友認識他都覺得他是個好玩有趣的人。他很會帶動氣氛，另外大家也稱他賽亞人，是因為之前的髮型就是一顆標準的賽亞人頭，所以得到了這個美稱。廚房裡面的廚師，可是之前日本九州凱悅飯店的大廚呢，因為他很喜歡台灣，所以下定決心要學會台灣料理，邊學習中文也順便幫這家店的忙。店裡有超多種的燒酒，還有燒酒做成的調酒和啤酒，這是一家很讓人印象深刻的美食料理店。大家一定要去那邊看看喔。

那邊的氣氛真的很讓人陶醉，常常不知不覺身邊又多了一堆人！

店長的Arashi醉前和
醉後的臉！非常幽默
的人喔。

人生當中沒有酒就很無聊，
年輕人喝酒開心就好了！

老闆喜歡的女生類型：以前
喜歡中山美穗，這兩年喜歡
像松島菜菜子的女生！

沒有店名的店！！

　　大家別被這一家店嚇到喔，因為沒有店名，門口也只有一個藍色的招牌。這就是一家很特別的店，客人都是靠口耳相傳的。大廚龍二說：「這是一家專做熟客的店，很適合約會，就算一個人來到這裡，也可以享受到好吃的料理。」大廚龍二從十六歲開始就遊走世界各國研究各地料理，現在已經是第十三個年頭了。

　　這些年中他在台灣住過一年，學習台灣料理，後來經過一番波折，去年他又再度回到台灣，下定決心鑽研台灣料理，他的料理超級WU-MAI！！！MANU上面有很多炸物如日式豬排等日本創意料理，一道菜三十元起，很好吃喔。飯飽酒足只要花你約五百大洋實在很值得。他是會講一些中文和英文的日本人，請去體驗一下吧。

帶這本書過去會送你一道MANU上面沒有的特別料理喔（限一次），但是如果你因此而常去，可能還會給你其他的意外驚喜。

龍二對客人的話：一定會帶來給大家開心美味的料理。
龍二喜歡的女生類型：好球帶很廣泛。

店名：沒有 注意看「藍色的招牌」
地址：台北市大安路51巷41號
TEL：(02)-8771-6547
營業時間：Pm5：00～Am11：00
刷卡：OK

注意找藍色的招牌

精品旅館

815愛在楓城　811霜都精根　812流星花園　808香榭之戀

源堂　腳底·按摩推拿
足裏マッサージ
刮沙·拔罐　2F

欣欣魚翅坊

從中山北路到長春路的交叉口往東走，過林森北路約步行五十公尺就可以看到亞源堂足底按摩店。剛到台灣來學中文的時候壓力超大！筋骨痠痛！頭昏腦脹！每天都超累的！當有一天我發現這家店的時候彷彿是在沙漠中找到了甘泉！這五年以來只要是按摩一定是去這家！！！理由是技術很好！真的好厲害！以前印象中足底按摩是很痛的，到了這裡卻讓我真正感受到足底按摩的快感。

這些師父對於力度的掌控精準，尤其能夠針對不同的客人不同的需求，有些足底按摩的師父總喜歡大力的按，看著客人不斷的尖叫哀嚎，我覺得這樣真的好嗎？有些怕痛的客人可能以後再也不會去了，但是亞源堂卻能讓我很放鬆的享受足底按摩的感覺，身心都能獲得釋放，真的是很難得的好地方，那邊的師父也都很親切，難怪住在台灣的日本客人這麼多！

跟我一樣住在台灣的日本朋友也常去這家店，雖然他有這麼多的好處又在鬧區，但是價位卻高貴不貴，每次去完都是通體舒暢，輕飄飄的出來。真是值得一去再去喔。那邊的老闆雖然沒特別學過日文，但是日文卻還不錯可以溝通，此外那邊也有女生的師父，是一家很貼心的店喔！

營業時間	AM-9:30 ~ AM03:00	
足裏マッサージ	全身マッサージ	足錦マッサージ
30分 NT$500元	60分 NT$ 900元	90分 NT$1,350元
45分 NT$700元	90分 NT$1,350元	90分 NT$1,350元
60分 NT$ 900元	120分 NT$1,750元	120分 NT$1,750元
90分間以上九折優待	150分間以上九折優待	150分間以上九折優待

效果：筋肉を活性化し、筋をのばす。疲勞回復、こりをとる。尿酸の排出を足し、体質改善をはかり
免疫システムを強化する。細胞を活性化し、毒素を排出する

腳底マッサージ加全身マッサージを120分以上受ければ效果は更にアップ

如果你帶這本書去會有特別的優待喔！足底按摩60分鐘=850元！全身按摩60分＝850元＋精油按摩服務。

「亞源堂」這家店有到府服務，基本消費是最少需一小時服務另外加200元交通費
這對於想有自己隱私的顧客和需要更方便服務的顧客也是一大福音。

在日本讓人懷念的
道地口味
台灣小吃 !!!

店名：「台南擔仔麵（新宿店）」

地址：新宿區歌舞伎町2-45-1 1F

TEL：（03）3232-8839

營業時間：Am11：30～Am4：00

平日Pm3：00～Pm5：00休息時間

(年中無休)

刷卡：OK

HP：http：//www.tainan-taami.com

這家「台南擔仔麵」是在新宿的歌舞伎町已經超過二十年的傳統台灣料理老店！Kou 主持的國興衛視「Wu-Mai亞洲No 1」節目也曾介紹的超人氣台灣料理店！店內的感覺充滿濃濃的台灣味！老闆黃宗敏是個大帥哥！現在他還擔任中華民國留日東京華僑總會名譽會長的職務！這家店也在日本知名美食節目比賽中獲得冠軍的榮譽，好吃到沒辦法挑剔。這家店日文、中文、台語都是可以通的喔。他們的食材是從台灣的原汁原味帶過去的，而且裡面的廚師也都是廚藝一流的台灣師父，這讓我很驚訝！所以如果在日本想吃道地的台灣小吃一定要來「台南擔仔麵」光顧喔！

　　中華民國留日東京華僑總會名譽會長！黃宗敏先生想對客人說：二十年前在日本開了第一家「台南擔仔麵」！這是一家適合全家大小一起光顧的店，希望來這邊的客人能夠享受到道地的台灣料理並感受到台灣的氣氛，這也是我二十年來每天的目標。在新宿職安通店只需要七百日幣就可以享受午餐吃到飽的優惠！如果帶著這本書去這家店，三人以上會免費贈送三人分的點心喔。

「Wu-Mai亞洲No.1」的超級執行製作人阿豪哥在日本每天吃日本料理，好不容易吃到了台灣口味露出十分滿足的表情！

店名：Punch
地址：忠孝東路5段71巷18號1樓
TEL：(02)2765-9759
營業時間：AM11：00～AM02：00
刷卡：NO

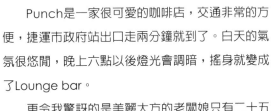

老闆特別推薦：我們
的約克夏奶茶跟簡餐
都很美味喔！

Punch是一家很可愛的咖啡店，交通非常的方便，捷運市政府站出口走兩分鐘就到了。白天的氣氛很悠閒，晚上六點以後燈光會調暗，搖身就變成了Lounge bar。

更令我驚訝的是美麗大方的老闆娘只有二十五歲，小小年紀居然就立志自己創業！另外店裡面其他的服務生也都是親切的帥哥美女！

本書大部分的場景都是在Punch拍的！怎麼樣，是不是很有情調的一家店啊！

會講中文的超人氣
日本髮型設計師
In Japan

店名：「Park　Street」　hair and make

姓名：NASUBI　san

地址：東京都澀谷區神南1-7-9北谷大樓201

TEL：（03）3464-0188

營業時間：平日 pm12：00～pm10：00

星期六、星期日、和國定假日AM10：00～PM 8：00

刷卡：NO

http：//www.welcome-shibuya.co.jp/parkstreet

董事長樂團阿吉開的店

這是一家常在雜誌出現的店，也有很多 model 會來這邊設計髮型，不需要準備太多，設計師會剪出一個非常適合你又好看的髮型！這張照片是她這次來台灣旅行的時候拍的，左邊開始依序是：Joey、KOU、Chiaki、Nasubi！

隔天她心血來潮拿起她的工具幫我修了頭髮，剪得真的不錯，我很開心，她跟我說在剪髮前她已經對於我的髮質、頭型、臉型、與現在的狀況有一定的觀察了解才動手開始剪，唯有更多的準備才能剪出一顆好頭。一向愛髮如命的我也可以安心的把頭交給她。她會講一些簡單的中文，在東京也有很多的台灣客人去找她剪頭髮，剪頭髮也可以順便聊天練習日文，很有趣吧！

Nasubi san 喜歡的男生類型：不重視外表，內在比較重要，像金城武就差不多了！

Nasubi san 給客人的一句話：女生的話我絕對可以讓妳變的超正，男生的話絕對超有型，我有絕對的信心。想發現新的自己嗎？歡迎來找我，其他的設計師也很屬害喔。

完成後的照片！怎樣？很好看
吧！！超開心的！

如果你是帶著這本書去，NASUBI
san 會免費送給你一個護髮乳
喔！
她說她很喜歡台灣的客人！

解決自然捲的方法就是這個！！

因為台灣的溼度很高，我的髮質也受到影響，之前在日本的時候溼度沒那麼高，我的髮型也不容易變形走樣⋯⋯。後來我接觸到「GATSBY」的產品，用完「GATSBY」的髮膠後搭配「GATSBY」的定型液讓我的髮型時時保持在最佳狀態，下雨天或流汗也都沒問題。在日本也是超級有名的商品喔，沒想到在台灣也可以買的到，推薦給大家！LET'S TRY!

持久定型蠟：

擺脫死板髮型，創造豐富的層次感。清爽不黏膩，也不毛躁。是長久以來的人氣商品，擁有不少的忠實愛用者。

「泥」超哈：

特殊粉質泥配方，極佳定型力。輕鬆創造髮尾的動感曲線。給你隨心所欲的自由造型。

自然造型髮蠟（無光澤）：

不同傳統髮蠟的光澤感，展現更自然的髮絲。擁有高度塑型力，不僵硬，不黏膩。

勁爆超能髮蠟：

超棒造型力，由髮根塑型，讓整體線條更明顯。推荐給喜歡自然不作做造型的人。給你立體低光澤的髮絲。

加強纖維彈力髮蠟：

是專業級髮蠟。添加特殊纖維成分，使髮絲自由展現風情。絕佳伸展彈力及塑型力，帶給你絕佳的造型。而且完成後的造型，只要沾點水即可再度塑型。不管任何髮長及造型，只要一瓶即可搞定，賦予髮絲適度的光澤感。

Jun Men

Kou

大學參加活動部時的搞笑演出

Ellis　Senri　Gary　Kou　Atin

日式創作樂團 SMILE EGG

Gigolo 可愛服務生

一直支持我的歌迷朋友！